Dramatherapy

연극치료에서 이야기를 어떻게 쓸 것인가

상처 입은 아이를 위한 이야기

이효원

박영 story

사랑하는 부모님께 이 책을 드립니다.

들어가며

저는 연극치료사입니다, 라고 소개 하면 항상 뒤따르는 질문이 있습니다. 연극치료요? 그건 어떤 거죠? 사이코드라마와 같은 건가요? 그럼 저는 또 말합니다. 연극치료와 사이코드라마는 연극을 통해 치료적 변화를 이끌어낸다는 점에서는 같지만 연극치료는 주인공의 실제 경험을 재연하는 사이코드라마와 달리 허구를 통해 참여자의 경험을 다룹니다, 라고요.

뒤에 다시 얘기하겠지만 연극치료가 그 본령으로 삼는 허구는 참여자가 상상하여 만든 이야기와 문학적 서사로서의 기존의 이야기입니다. 다시 말해 이 책에서 다루는 옛 이야기는 연극치료의 다양한 매체 중 하나이면서 동시에 연극치료를 연극치료답게 만드는 결정적 매체인 것입니다. 그뿐 아니라 옛 이야기는 참여자가 서사의 흐름 속에서 자신을 솔직하고 깊이 있게 조우하면서 가본 적 없는 낯선 길로 나아가도록 구조화한다는 점에서 매우 위력적입니다. 실제로 저도 10년 넘게 임상 현장에서 옛 이야기를 써오면서 그 강점을 매번 새롭게 경험합니다.

그런데 연극치료에서 옛 이야기가 그 같은 의미와 가치를 갖고 있음에도 그 활용의 원리와 방법을 차분히 정리하지 못한 채 상당한 시간이 지났습니다. 연극치료를 가르치는 장면에서도 직관적 분석과 도제적 전수를 넘어선 체계적 접근에 대한 요구가 지속되어 왔고요.

이 책은 그 부채감에서 쓰인 것입니다. 충분히 체계적이지도 않고 충분히 과학적인가에 대한 확신도 단단하지 않지만, 일단 꺼내놓는 것이 필요하다고 생각했습니다. 그런 뒤에는 또 다른 시선과 시도들이 균형을 잡아 주리라 믿습니다.

이 책은 3개의 부로 구성되어 있습니다. 1부는 먼저 상처 입은 아이에 대한 이야기로 전체 내용의 초점을 설정합니다. 상처 입은 아이가 무엇을 말하는지, 심리적 상처를 은유하는 말로서 상처 입은 아이가 어떤 특징을 갖고 있는지, 그리고 심리치료에서 어떤 목표를 가지고 상처 입은 아이를 어떻게 다루는지를 돕는 어른의 역할을 통해 살펴봅니다.

2부는 이야기 자체에 집중하여 연극치료에서 이야기를 활용한다고 할 때 그것이 좀 더 정확히 무엇을 가리키는지를 밝히는 데서 시작합니다. 그리고 이야기가 연극치료에서 중요하게 쓰이는 까닭을 진화생물학, 심리학, 사회학, 문학, 심리치료 등의 다양한 맥락에서 살펴봄으로써 이야기의 다층적인 매력과 의미를 조명합니다. 그런 다음에는 실제 상담 장면에서 어떤 경우에 어떤 이야기를 어떻게 쓸 것인지와 관련하여 제 임상 경험을 바탕으로 몇 가지 원칙과 원리를 세웁니다.

3부에는 이야기의 활용 사례를 모았습니다. 바리데기, 해와 달이 된 오누이, 신데렐라, 행복한 왕자, 복숭아 동자, 오이디푸스, 브레맨 음악대, 보이지 않는 아이까지 모두 여덟 개의 이야기와 그것을 풀어낸 상담 사례가 있습니다. 그리고 이야기의 운용이 가능한 구체적으로 보이도록 실제 임상 기록을 공개합니다. 장르로는 신화, 소설, 동화, 희곡, 민담을 고루 담았고 우리나라뿐 아니라 일본과 서구의 이야기를 다양하게 안배했습니다. 그리고 바리데기, 해와 달이 된 오누이, 신데렐라, 행복한 왕자, 복숭아 동자, 오이디푸스는 개인 상담의 적용 사례를, 브레맨 음악대와 보이지 않는 아이는 집단 상담의 적용 사례를 소개합니다.

이 책에 도움을 준 고마운 이름들은 일일이 헤아릴 수가 없습니다. 연극치료의 길을 걸으며 만난 사람들, 고대했거나 기대치 않았던 여러 방식으로 내게 연극치료를 일깨워준 많은 이들이 그들입니다. 그 중에서도 소중한 공간을 선뜻 내주어 귀한 만남을 가능케 해준 남기애 님과 책을 낼 때마다 정성스럽게 먼저 읽어준 김소진 님에게 특별한 감사를 전합니다. 또 이 책의 필요성을 공감해 독자와 만날 수 있게 해준 노현 대표이사님과 멋지게 옷을 입혀 준 전채린 과장님, 고맙습니다. 그리고 무엇보다 자신의 사례를 공유하는 것을 흔쾌히 허락해주신 참여자들의 사랑에 고개를 숙입니다. 그분들이 아니었다면 이 책을 쓰지 못했을 것입니다.

2019년 11월

차 례

PART III

활용의 사례

상처 입은 아이

PART

I

01 상처 입은 아이란 무엇인가?

내 속엔 내가 너무도 많아서 당신의 쉴 곳 없네, 라고 슬퍼하는 노래가 있습니다. 연극치료는 그 '내 속에 사는 수많은 나들'을 역할(role)이라 부릅니다. 역할은 우리에게 익숙한 말이지요. "당신은 어떤 역할을 하고 있나요?"라고 물으면 대부분 오래 고심하지 않고 엄마, 남편, 여행사 직원, 동생, 신자, 소비자, 한국인, 학생, 딸, 남자, 방탄소년단 팬, 친구 등의 역할을 꼽습니다. 그것들은 모두 다른 사람도 쉽게 알아보고 서류로 증명하거나 눈에 보이는 근거로 어렵지 않게 확인이 가능한 현실적인 역할입니다.

그런데 '내 속에 사는 수많은 나들'에는 현실과 상관없이 작동하는 역할들이 있습니다. 가령 나는 딸이지만 마음으로는 집안의 아들 역할을 할 수 있고 부모님이 모두 살아계신 데도 사고무친한 고아처럼 느낄 수 있으며 겉으로는 누가 봐도 어른이지만 때에 따라서는 철없는 장난을 즐기는 어린 아이가 되기도 합니다. 연극치료에서는 그렇게 일상 현실이 아닌 개인 내면의 역동을 모두 역할이라는 말로 표현합니다.

그 역할의 관점에서 한 사람의 인성은 그가 연기하는 여러 역할들로 이뤄진다고 볼 수 있고 그것을 역할 체계라고 합니다. 그리고 연극치료는 개인의 역할 체계를 좀 더 적응적으로 변형하는 일이라고 할 수 있습니다. 그때 가장 먼저 주목해야 할 역할이 바로 이 책에서 말하는 상처 입은 아이(the Wounded Child)입니다.

나중에 좀 더 자세히 설명하겠지만 상처 입은 아이는 일종의 은유로서 누구에게나 있는 원형적 상처를 함의한다고 할 수 있습니다. 현실에서는 멀쩡한 어른이지만 마음속에는 여전히 부모의 유일한 사랑이기를 고집하는 떼쟁이 어린아이가 있거나 부모가 끝없이 싸우는 것을 보며 '내가 잘못해서 그런 게 아닐까?' 주눅 든 채 두려워하는 아이가 있을 수 있지요. 혹은 싸우거나 훔치거나 대들어서라도 부모의 관심을 얻으려는 아이가 있는가 하면 금방이라도 무너질 듯 위태로운 부모를 위해 자신의 욕구를 억압한 채 부모를 돌보는 아이도 있습니다. 이렇게 눈에 보이지 않지만 마음에 살면서 멀쩡한 어른에게 막대한 영향을 미치는 역할을 상처 입은 아이라고 합니다.

상처 입은 아이는 어린아이와 상처 입은 사람을 포개놓은 복합적인 역할입니다. 그리고 두 역할은 취약성(vulnarability)을 공통된 특징으로 합니다. 원형적 상처로서 상처 입은 아이는 참여자의 증상과 그것을 유발한 핵심 신념과 감정이라 바꿔 말할 수 있습니다. 임상에서 관찰한바, 참여자의 증상은 반복됩니다. 동일한 눈으로 상황을 왜곡되게 읽고 동일한 치우친 반응을 하는 것입니다. 하지만 대개 의식적으로 그렇게 하지는 않습니다. 아예 반복 자체를 알아차리지 못하기도 하고 안다 해도 무엇이 반복을 만들어내는지를 모르는 경우가 태반입니다. 그것은 의식을 넘어선 더 깊은 차원에서 자기 자신과 세상에 대한 특정한 신념과 거기서 비롯된 감정에 고착되어 있기 때문입니다.

어린 아이와 상처 입은 사람은 모두 그 취약성으로 인해 현실을 제대로 분별하기 어렵습니다. 하지만 어떻게든 고통을 다루어 살아남기 위해 나름의 생존 전략을 세울 수밖에 없고 그렇게 초기 발달 과정에서 일종의 방어기제로서 선택된 핵심 신념과 감정이 나중에 어른이 된 후에도 남아있으면서 스트레스 상황이 되면 무의식적으로 튀어나와 개인의 반응을 지배하는 것입니다. 상처 입은 아이가 다른 역할을 제치고 참여자의 역할 체계를 압도하는 것이지요. 그래서 심리치료를 위해서는 이 상처 입은 아이를 다루는 것이 결정적입니다.

교류분석(Transaction Analysis)에서도 인생각본(life script)이라는

비슷한 개념을 사용합니다. 그것은 어린 시절에 형성된 인생에 대한 기본적인 태도로 출생 이후 만 4세의 결정적 시기에 부모의 영향을 받아 개인이 선택한 삶의 방식이라 할 수 있습니다. 그렇지만 발달 초기의 선택은 의식에서 망각되고 성장하면서 각본만 남아 그것을 무의식중에 강박적으로 연기한다는 것이지요. 또 분야가 좀 다르지만 문학에서는 좀 더 생생한 인물구축을 위한 방법으로 인물의 프로그램을 설계하도록 한다고 합니다. 편집자인 노아 루크먼(Noah Lukeman)에 의하면 프로그램이란 가지고 있는지조차 모르지만 인물의 무의식 속에 잠재된 일종의 신념으로, 인물은 자기도 모르게 그 사고나 행동을 습관적으로 반복하게 된답니다.

아무튼 중요한 것은 우리가 특정한 신념과 감정과 행동을 무의식적으로 반복한다는 것이며, 저는 우리의 상처와 한계에 대한 은유이자 우리를 움직이는 그 강력한 패턴을 상처 입은 아이라 부릅니다.

02 상처 입은 아이의 특징

앞서 말했듯이 상처 입은 아이는 취약성을 공유하는 어린 아이와 상처 입은 사람이 합쳐진 역할입니다. 여기서는 상처 입은 아이의 취약성을 어린 아이와 상처 입은 사람의 두 역할로 나누어 살펴보겠습니다.

역할 접근법을 창안한 로버트 랜디는 사람들이 살면서 연기하는 84개의 보편적 역할을 추출 분류하면서 가장 먼저 어린이를 꼽고 그 특징과 기능을 이렇게 말했습니다.

> 어린이는 장난스럽고 재미있는 것을 좋아하며 자기중심적이고 표리부동하지 않다. 어린이는 유희 정신, 순수함, 어린 시절의 경이로움을 나타낸다. 그리고 제임스 M. 배리의 '피터팬'에서 어린이 역할의 원형을 볼 수 있다.

그의 분석은 중립적이면서도 성장 가능성을 품고 있다는 점에서 어린이 역할의 긍정적 측면에 주목하고 있다고 할 수 있습니다. 그에 비해 상처 입은 아이를 위한 이야기에서는 말 그대로 그냥 어린아이가 아니라 상처를 입은 다친 아이를 초점으로 하며 따라서 어린이 역할의 부정적인 측면에 주목합니다. 상처 입은 아이는 먼저 미숙한 어린아이로서 자기중심적이고 의존적이며 단순하고 경직된 사고를 특징으로 합니다. 그것을 매우 잘 보여주는 것 중 하나가 앨버트 앨리스(Albert Ellis)의 비합리적 신념입니다. 합리적 정서행동치료의 창시자인 그는 상황을 잘못 해석하게 이끌어 우리를 불필요한 부정적 정서에 빠뜨리는 합리적이지 않은 신념 11가지를 꼽았습니다.

이를 테면 이런 것들이죠. 나는 누구에게나 항상 사랑받아야 한다거나 내가 바라는 대로 되지 않으면 실패한 것이다, 과거의 경험은 사라지지 않고 그것이 지금의 나를 결정한다, 나를 돌봐줄 다른 사람이 항상 곁에 있어야 한다, 모든 일에는 완벽한 해결책이 있으므로 그것을 찾아 혼란을 막아야 한다 등.

중요한 사람에게 정말로 관심과 사랑을 받지 못해 상처가 생길 수도 있지만, 누구에게나 항상 사랑받아 마땅하다고 믿기 때문에 누가 자신에게 무관심하거나 소홀하면 그것을 지나치게 크게 받아들여 입지 않아도 되는 상처를 스스로 만들 수 있습니다. 어릴 적에는 부모의 사랑을 기대하는 것이 자연스럽지만, 세상 모두가 부모처럼 나를 대해야 한다고 믿는다면 그것은 어린 아이의 자기중심성이라고 밖에 설명할 도리가 없습니다.

돌봐줄 누군가를 기대하거나 지나간 사건이 지금의 자신을 결정한다는 믿음은 어린 아이 같은 의존성에서 비롯됩니다. 필요할 때 도움을 청하는 것도 중요한 힘이지만, 그에 앞서 스스로 선택하고 그에 책임지는 것이 어른이니까요. 타인의 도움을 당연히 여기면 그래서 그렇지 않은 상황에서 과도한 불안과 혼란을 겪으며 도움을 기대한 사람에게는 배신감과 원망을 느끼게 됩니다. 그것은 마땅히 가져야 할 것을 받지 못했다는 박탈의 상처를 키울 것입니다.

또 바라는 대로 되지 않으면 실패이며 모든 문제에는 완벽한 해법이 있다는 믿음은 상처 입은 아이의 경직성에서 연유하는 사고방식입니다. 전부 아니면 전무라는 단순하고 폭력적인 분별은 앞서 열거한 상처 모두를 회복할 수 없는 것으로 심화시킵니다. 세상은 분명 빛과 어둠의 양극으로 대별되지만 그 둘은 언제나 연속과 중첩으로 실재하므로 전부(all)를 충족시킬 수 없음이 확실하기 때문입니다.

상처 입은 아이의 미숙함은 이렇게 자기중심성과 의존성 그리고 경직성으로 나타나며, 그 특성은 기존의 상처와 결탁하여 서로를 고착시키고 강화합니다. 상처 입은 아이는 어린 아이일 뿐 아니라 상처 입은 사람이기도 한 것이지요. 이는 상처가 없는 사람은 없으며 우리는 누구나 자기만의 마음의 상처를 안고 살아간다는 뜻이기도 합니다.

우리는 신체적, 인지적, 정서적, 사회적으로 매우 취약한 상태로 태어나며 그래서 특히 발달 초기에는 충분히 좋은 부모가 제공하는 안전한 환경과 적절한 애착과 자극이 아이의 생존과 성장에 필수적입니다. 그러나 부모가 아무리 애를 써도 세상의 위험과 고통으로부터 완벽하게 아이를 보호할 수는 없습니다. 부모가 미처 손쓰지 못한 지점에 혹은 그 부모라서(부모 자체의 한계와 특성에서 비롯된) 생기는 균열이 있을 수밖에 없고, 아직 세상에 대한 면역이 없는 아이에게 그 틈으로 들어오는 위험과 고통은 트라우마에 준하는 흔적을 남깁니다. 이는 다시 말해 우리 모두가 어떤 측면에서는 정서적 외상 환자라는 뜻입니다.

정서적 외상으로 인한 장애(PTSD)는 반복과 과각성과 회피를 특징으로 합니다. 외상 사건이 자신의 의지와 상관 없이 되풀이해서 떠올라 끔찍한 경험을 반복하게 됩니다. 그리고 공포 때문에 편도체가 지나치게 흥분하여 사소한 자극에도 민감한 반응을 보이며, 외상 사건과 관련된 자극을 피하게 되는 것입니다. 흔히 말하는 트라우마는 이 같은 증상과 관련된 죽음에 가까운 고통을 유발하는 전쟁, 교통사고, 화재, 강도, 성폭행 등의 사건을 말하지만, 경우에 따라서는 (위험과 고통에 대한 내성에 개인차가 있으므로) 부모와의 갈등이나 이별, 이혼, 실직, 성희롱, 사업 실패 등도 얼마든지 트라우마가 될 수 있습니다.

우리 안에 사는 상처 입은 아이 역시 PTSD 환자의 세 가지 증상을 공유합니다. 무엇보다 중요한 것은 반복! PTSD 환자가 전쟁이 끝났는데도 혼자 전투를 지속하고 안전한 대상과 있을 때도 의심과 경계를 내려놓지 못하는 것처럼, 우리 안의 상처 입은 아이 역시 외상 경험에 매여 같은 자리를 맴돌 뿐 나아가지 못합니다. 어른이 되기를 거부하는 피터팬처럼 영원히 자라지 않는 것입니다.

상처 입은 아이는 또 지나치게 두려워합니다. 늘 고통을 예상하며 견제하고 있기 때문에 외상 경험과 조금이라도 유사한 자극이 주어지면 과도하게 예민하고 조급하게 반응하여 오히려 상황을 오인하고 부적절하게 행동하게 되는 것입니다. 자라 보고 놀란 가슴 솥뚜껑 보고 놀란다는 속담처럼 말이죠.

그리고 외상 경험을 반복하지 않기 위해 필사적으로 회피합니다. PTSD 환자들이 약물이나 성관계, 자해에 의존하거나 관계를 차단하는 것으로 외상 사건을 회피하듯이, 상처 입은 아이는 외상 사건이 일어난 까닭을 나름대로(어린아이의 미성숙함에도 불구하고) 해석하여 그것을 우회할 수 있는 신념과 감정을 선택합니다. 즉 나름의 방어기제를 발달시키는 것이지요.

가령 병으로 아픈 엄마를 둔 아이가 있다고 하면, 아이는 자신을 돌보지 않는 엄마에게 화가 나면서 한편으로는 엄마의 병이 깊어져 죽을지도 모른다는 생각에 두려울 것입니다. 그런데 인지적으로 미숙한 아이들은 주변에서 벌어지는 일들이 자신의 탓이라고 오해하는 경향이 있고, 그래서 엄마가 아픈 것도 자신에게 책임을 물어 애초의 분노와 두려움을 죄책감으로 변형하기 쉽습니다. 그리고 자연스럽게 '엄마가 아프지 않으려면 내가 엄마를 귀찮게 하면 안 돼'라는 신념을 발달시키고 그에 따라 자신의 당연한 욕구를 스스로 제한하고 포기하는 방식으로 행동할 수 있습니다. 우리 사회는 그런 아이에게 흔히 '착하다'는 평가로 강화를 제공하며, 그런 식으로 상처 입은 아이가 택한 방어기제는 행동 패턴으로 굳어져 어른이 될 때까지 지속되는 것입니다.

그래서 상처 입은 아이의 기능과 특징을 로버트 랜디의 어린이와 대구가 되도록 말하면 이렇습니다.

상처 입은 아이는 자기중심적이고 의존적이며 경직되고 단순한 사고를 갖고 있다. 그리고 지나치게 각성된 상태에서 원형적 상처를 반복하면서 동시에 그를 회피하기 위한 방어기제를 발달시킨다. 상처 입은 아이는 우리의 취약성과 한계를 나타낸다. 한스 크리스티안 안데르센의 동화 '성냥팔이 소녀'와 샤를 페로의 동화 '푸른 수염'*을 대표적인 예로 들 수 있다.

* 상처 입은 아이의 대표적인 예를 두 가지로 나누어 든 것은 그 기능과 특징이 피해자와 가해자로 갈라지기 때문입니다. 성냥팔이 소녀가 피해자로서의 상처 입은 아이를 잘 보여준다면 푸른 수염은 상처 입은 아이의 가해자로서의 면모를 잘 나타내는 예입니다.

03 상처 입은 아이를 어떻게 다룰 것인가?

연극치료는 그러니까 참여자의 상처 입은 아이를 다루는 일이라 할 수 있습니다. 그래서 그 역할을 중심으로 치료의 전개과정을 설명하면 가장 첫 단계는 상처 입은 아이, 곧 참여자의 원형적 상처와 그것을 다루기 위해 그가 선택한 행동방식을 파악하는 것입니다. 그 다음에는 마음 깊은 곳에 웅크리고 있는 상처 입은 아이를 만나 그의 슬픔과 두려움과 분노를 충분히 느끼는 작업이 따릅니다. 고통스럽게 느껴지는 부정적인 감정은 일반적으로 다양한 방어기제를 통해 외면당하거나 억압되기 마련이며, 그렇게 감각과 감정이 마비되어 굳은살이 박이면 상황을 정확히 읽고 적절하게 반응하는 능력을 크게 손상시키기 때문입니다. 세 번째는 참여자의 왜곡된 신념을 적절하게 변형함으로써 상처 입은 아이를 돌볼 수 있는 힘을 기르는 단계입니다. 우리의 역할 체계에서는 어떤 역할도 쓸모없거나 그 자체로 해롭지 않습니다. 그래서 상처 입은 아이가 세상을 향해 저주하고 두려움에 얼어붙어 있다 해도 그 역할을 소거하거나 성장시키려 하지 않습니다. 대신 분노와 공포에 압도된 아이를 감싸고 돌볼 수 있는 다른 역할을 찾아 강화함으로써 역할들 사이의 균형을 도모하지요. 그것은 있던 것을 없애는 것이 가능하지 않을 뿐 아니라 부정적인 결과를 초래하는 것은 역할들 사이의 불균형이지 특정한 역할이 아니기 때문입니다. 죽고 싶어 하는 사람도, 쓸모 있으려 애쓰는 사람도, 겁쟁이도 저마다의 에너지로 개인의 역사를 움직이는 힘이라 여기는 것입니다.

이를 다시 짧게 말하면 상처 입은 아이를 위한 연극치료의 과정은 상처 입은 아이 찾기 - 상처 입은 아이의 아픔 만나기 - 돕는 어른으로서 상처 입은 아이 돌보기의 흐름으로 펼쳐집니다. 이는 상처 입은 아이에서 시작해서 돕는 어른에서 끝나는 여정이라 할 수 있으며, 그런 의미에서 연극치료의 종착지는 돕는 어른을 찾아 강화하는 것입니다.

04 돕는 어른을 찾아서

돕는 어른(Helping Adult)이라는 말이 걸림 없이 와닿지 않을 수도 있지만 그 의미는 마음 깊은 곳에 웅크리고 있는 상처 입은 아이를 돌볼 힘을 지닌 역할입니다. 상처 입은 아이가 어린아이와 상처 입은 사람을 합친 것이듯 돕는 어른 역시 어른과 돕는 사람, 곧 조력자를 합한 것이며, 두 역할은 성숙함(maturity)을 공통된 특성으로 합니다. 여기서는 그것을 어른과 조력자의 역할로 나누어 살펴보도록 하겠습니다.

1) 어른

아기에서 어린이로, 어린이에서 젊은이로, 젊은이에서 어른으로, 어른에서 늙은이로 옮겨가는 것은 삶의 순리입니다. 환경의 이변이 없을 경우 누구든 섭생만 웬만히 하면 이 길에서 벗어나지 않지요. 하지만 무엇에든 '답다'라는 어미를 붙이면 갑자기 어려워집니다. '인간답다, 학생답다, 아들답다, 신자답다'들처럼. 그 중에서도 '어른답다'는 직업이나 성별, 종교, 국적, 결혼 여부와 상관없이 어느 시점이 되면 누구나 짊어지게 되는 보편적인 고민입니다.

어른의 역할은 특히 심리치료 장면에서 중요합니다. 누구에게나 마음속에 상처 입은 아이가 있고 그 아이를 제대로 돌보자면 마음의 다른 한쪽에는 그럴만한 힘이 있는 어른이 살고 있어야 하기 때문입니다.

어른은 그럼 어떤 사람일까요? 어른은 본래 남녀의 교합을 뜻하는 '얼다'에서 파생된 말로, 성교를 하는 혹은 할 수 있는 사람을 뜻한다고 합니다. 생존과 번식이라는 생명의 본능과 책무의 관점에서 볼 때, 어른은 번식을 시도하고 감당함으로써 비로소 생의 의미를 온전히 실현하게 해주는 중차대한 역할입니다. 그것을 위해서 어른은 먼저 스스로를 책임질 수 있어야 합니다. 스스로 책임진다는 것은 부모가 자식인 자신을 위해 해주었던 일들을 자기가 자신을 위해 하는 것을 말하지요.

부모는 무엇보다 자식을 위험으로부터 안전하게 지킵니다. 열심히 일해 잘 먹이고 입힙니다. 무엇을 좋아하는지 살펴 즐겁게 배울 수 있도록 가르치고, 기쁘고 슬픈 마음을 나누며 함께 즐거워하고 눈물 흘립니다. 자식이 한 뼘씩 커가는 과정을 가까이서 지켜보고 기억합니다. 그렇게 부모의 일은 자식을 사랑하는 것이며, 거기에는 자식을 있는 그대로의 모습으로 기쁘게 받아들이는 마음이 바탕을 이룹니다.

그러므로 어른은 자신을 다양한 위험으로부터 지킬 수 있고, 경제적으로 독립하여 혼자 먹고 살 수 있고, 자신의 정서와 욕구를 알아차려 필요를 충족시킬 수 있고, 여러 측면에서 더 성장하도록 지원하고, 자신의 과거와 현재와 미래를 목격자로서 지켜보고 응원할 수 있는, 한 마디로 (부모가 그랬듯) 자신을 사랑하는 사람이라 할 수 있습니다. 그리고 그 사랑의 바탕 역시 자기 자신을 있는 그대로 기쁘게 받아들이는 감사에서 출발합니다.

내면에 이 같은 어른이 튼튼하게 자리 잡지 않으면 우리는 스트레스 상황에 놓일 때마다 상처 입은 아이에게 휘둘리게 됩니다. 아이는 힘이 없기에 부모에게 의존하지요. 그래서 외양은 어른이라도 상처 입은 아이에게 통제권을 내준 사람은 현실을 제대로 보지 못하고 자신의 혼돈과 고통을 다른 사람의 탓이라 돌리며 답이 없는 원망과 슬픔과 두려움과 자책과 공허에 빠져 허우적거립니다. 그리고 사람마다 그렇게 습관적으로 빠지는 자기만의 구덩이가 있습니다.

그런데 우리 마음속에 있는 상처 입은 아이는 자라지 않습니다. 몸이 커지고 머리가 굵어져 구덩이의 위치와 모양과 깊이가 훤히 보인다 해도 상처 입은 아이는 우리를 등 떠밀어 종내 그 뻔한 구덩이에 빠뜨리고야 맙니다. 그래서 구덩이를 피하려면 상처 입은 아이를 보듬어 다룰 수 있는 어른이 필요합니다.

상처 입은 아이는 우리가 눈치 채지 못하는 사이 – 대개는 어린 시절 – 에 저절로 생겨나지만, 어른은 좀 다릅니다. 우리가 하루아침에 어른이 될 수 없듯 어른 역할이 내면에 자리 잡는 데는 충분한 시간과 의식적인 노력이 요구됩니다. 물론 그동안에도 구덩이에 맥없이 빠지는 일은 수없이 되풀이 되겠지요. 그러나 이전과 다른 것은 어른은 한심할 수도 있는 그 모습을 그대로 기쁘게 담아주면서 지난 번 빠졌을 때보다 나아진 바늘 끝만한 차이를 놓치지 않고 발견해 자신을 지지하고 응원할 것이라는 점입니다.

2) 조력자

매일의 경험이 서로 다른 모습을 취하지만 맨 겉의 껍질을 걷어내고 들여다보면 우리의 경험이라는 것은 매양 이랬다 저랬다를 되풀이하는 시계추 운동에 불과합니다. 욕망을 따르거나 욕망을 억누르거나, 사랑 받고자 잘 하려고 애쓰거나 원망하거나, 다른 사람을 통제하려 들거나 외면하거나, 자신을 무대에 세우거나 동굴에 숨거나, 평화를 위해 갈등을 피하거나 공격하거나. 이것은 얼핏 보면 판이한 양상이지만 그것들은 모두 하나의 욕망에 대한 두 가지 태도입니다. 누구나 주된 욕망에 의해 움직이되 그것을 좇는 쾌락과 억누르는 고행을 오가며 일종의 습(習)으로서의 궤적을 그리는 것입니다. 욕망을 축으로 한 왕복 운동과 그것의 흔적이 개인의 인성이자 삶의 반경을 이루며 그렇게 그의 세계가 된다고도 할 수 있습니다.

그 같은 삶은 고통스럽습니다. 욕망이 달려가는 곳에 때맞춰 도달한 기쁨은 늘 순간이며 그렇지 못한 많은 장면에서 우리는 욕망에 배반당해 좌절하거나 욕망의 속도에 떠밀려 불안해합니다.

이것을 역할로 설명하면 욕망과 그로 인한 상처가 인생의 중심에 있고, 그 상처 입은 아이의 역할을 피해자와 가해자의 두 가지 버전으로 번갈아 연기한다고 할 수 있습니다. 그리고 그 가해의 대상에는 자기 자신도 포함됩니다.

중요한 사람이 되고 싶은 누군가가 있다고 합시다. 피해자로서 그의 상처 입은 아이는 중요해지지 않으면 버려질까 두려워 끊임없이 일을 벌이며 숨이 턱 끝에 차올라도 자신을 채찍질하며 성취에 골몰합니다. 반면 가해자로서는 다른 사람을 자신의 기준과 판단에 따라 조종하려 들고 그것이 뜻대로 되지 않을 때 분노와 무력감을 표출할 수 있지요.

또 소중한 존재가 되고 싶은 사람이 있습니다. 그의 상처 입은 아이는 자신이 온전하지 않아서 사람들에게 받아들여지지 못하고 끝없이 떠돌다 사라질까봐 불안해해 합니다. 하지만 그 욕망과 상처가 가해로 방향을 바꾸면 그는 대상을 냉소와 비난으로 얼어붙게 만들 수 있습니다.

이처럼 습(life style)으로 굳어진 왕복 운동은 무의식적으로 자동 반복 실행되고, 그래서 마음을 굳게 먹는 것만으로는 순환의 고리를 끊기 어려우며, 총체적 난국에 부딪치지 않는 이상 익숙한 왕복의 리듬에 적응하여 견고한 일상을 지속하는 경우가 대부분입니다. 그때 그 낯익은 지옥을 망침으로써 새로운 세계로 인도하는 것이 바로 조력자입니다. 내 뜻과 상관없이 자동 실행되는 상처 입은 아이의 역동을 멈추고 두려움이 아닌 사랑으로 움직이도록 추동하는 의식의 힘인 것입니다.

내 안의 조력자를 불러내기 위한 첫 걸음은 알아차림(awareness)입니다. 상처 입은 아이의 존재와 피해와 가해의 역동을 구체적으로 통찰하고 그것이 일어날 때마다 자각하는 것입니다. 무의식은 의지와 무관한 영역이지만 알아차림이 충분히 반복되면 자극과 자동적 반응 사이에 틈이 생겨 의식적인 선택이 가능해집니다. 알아차림은 숨쉬기처럼 무의식과 의식의 경계에 있는 작용입니다. 음식을 소화시키는 대장이나 피를 깨끗이 거르는 신장의 작용은 우리의 의지와 상관없이 일어나지만, 뭔가를 바라보거나 음식을 씹고 삼키는 눈과 입은 우리의 뜻에 따라 정교하게 움직입니다. 그에 비해 호흡은 잘 때도 자연스럽게 유지되듯 기본적으로 무의식의 작용이지만 우리는 필요에 따라 의식적으로 숨을 참거나 빨리 들이쉬거나 천천히 내쉴 수도 있지요. 자각은 불수의 운동이면서 동시에 수의 운동인 호흡과 같이 의식의 힘으로 무의식에 영향을 줄 수 있는 유일한 작용입니다.

조력자는 그리고 알아차림으로 생긴 자극과 자동반응의 틈새를 넓히고 상처 입은 아이의 양극적 역동을 지양함으로써 역할 체계에 균형을 도모합니다. 조력자는 상처 입은 아이의 욕망을 넘어서고 두려움을 껴안습니다. "중요해지려고 애쓰지 않아도 돼. 넌 이미 충분히 중요하단다. 누구나 각자의 무게를 갖고 있고, 그것은 비교할 수 없어. 네가 스스로 버리지 않는 한 아무도 널 버릴 수 없어." "넌 참 소중한 아이야. 흠이 있어도 괜찮아. 그게 너를 너로서 온전하게 만들어 준단다. 나는 언제나 네 곁에 있었고 앞으로도 그럴 거야."

조력자는 상처 입은 아이를 보듬어 자기 자신과 세상과 평화하도록 도우며, 그렇게 우리 안에 낯선 천국을 열어갑니다.

그래서 다시 돕는 어른은 자기 자신을 부모처럼 돌보는 사람으로서 무의식적으로 반복되는 상처 입은 아이의 역동을 멈추고 대안적 반응을 가능케 하는 역할이라 할 수 있습니다.

이야기

PART

II

01 이야기란 무엇인가?

연극치료는 연극적 경험을 통해 참여자의 변화를 이끌어내는 일입니다. 연극적 경험은 참여자의 몸과 그 움직임을 주로 하는 체현(embodiment), 시각적이고 청각적이며 언어적인 매체를 통한 투사(projection), 극화와 상연으로 이어지는 역할(role)의 방식으로 펼쳐집니다. 하지만 표현의 매체가 무엇인가와 상관없이 연극적 경험의 언어는 딱 두 가지 이야기(story)와 역할(role)로 수렴됩니다. 다시 말해 연극치료란 참여자의 내면에서 작동하는 이야기와 역할을 읽어내고 그것을 좀 더 적절하게 변형하는 일이라 할 수 있습니다. 그런데 이야기가 없는 역할은 있어도 역할이 없는 이야기는 없지요. 그래서 연극치료는 다양한 방식으로 이야기를 끌어내 다루면서 참여자의 내면에 접근합니다.

연극치료에서 쓰는 이야기는 크게 세 갈래로 나눌 수 있습니다. 참여자의 실제 경험에 관한 이야기, 참여자가 상상하여 만든 이야기, 문학적 서사로서의 기존의 이야기가 그것입니다. 일주일 사이에 있었던 기분 좋은 일을 나눈다든가 지금까지 살면서 가장 후회스러운 장면을 선택하여 극화하는 것이 참여자의 실제 경험에 관한 이야기를 다루는 첫 번째 방식입니다. 두 번째, 참여자가 상상하여 만든 이야기의 대표적인 예로는 여섯조각이야기(6 Pieces Story Making)를 들 수 있습니다. 여섯조각이야기는 참여자가 상상을 쉽게 전개할 수 있도록 주인공, 과제, 방해자, 조력자, 경과, 결말의 특정한 구조를 제공합니다. 그 질문에 차례로 답을 하다보면 이야기가 저절로 만들어지도록 하는 것입니다. 세 번째로 신화, 설화, 희곡, 소설, 동화 등 사람들이 잘 아는 옛 이야기를 가져다 씁니다. 이 책에 실린 바리데기나 해와 달이 된 오누이, 신데렐라, 행복한 왕자, 복숭아 동자, 오이디푸스, 브레맨 음악대, 보이지 않는 아이 등이 그런 예입니다.

바꿔 말하면 이 책에서 다루는 것은 우리가 흔히 문학 서사로 분류하는 이야기라 할 수 있습니다. 장르에 따라 표현 방식에 약간의 차이가 있겠지만 문학 서사에 속하는 이야기는 모두 '특정하게 배열된 일련의 사건'이라 할 수 있습니다. 여기서 이야기를 성립시키는 특정한 배열의 원리는 인과 관계입니다. 『시학』의 표현을 빌자면 이야기는 사건들이 "처음과 중간과 끝"을 갖도록 배치된 것입니다. 처음이란 다른 사건을 일으킬 수 있는 것(원인)이고 끝은 앞선 사건에 잇따라 일어나는 것이자 그 뒤에는 아무것도 없는 것(결과)을 뜻한다고 할 수 있습니다. 인과 관계를 이야기의 본질적 요건으로 본 것입니다. 아리스토텔레스는 거기서 더 나아가 좋은 이야기, 곧 설득력이 있는 이야기가 되기 위해서는 사건들 사이의 연결고리인 인과 관계가 가능성을 넘어 개연성과 필연성을 지향해야 한다고 강조합니다.

하지만 치밀한 인과 관계만으로는 부족합니다. 사람을 끄는 이야기에는 반드시 갈등이 있습니다. 갈등을 문제나 고통으로 다르게 말해도 좋겠지요. 우리는 본능적으로 갈등에 이끌립니다. 갈등은 정서의 밀도를 높여 서스펜스를 창출할 뿐 아니라 세상에 온 순간부터 떠나는 날까지 우리를 붙들고 놓아주지 않는 삶의 화두이기 때문입니다. 연극은 이야기(drama)로서 관객에게 안전하되 충분히 생생한 다른 사람의 싸움을 보여줍니다. 그리고 관객은 그것을 보면서 갈등을 다루는 의미 있는 경우의 수를 획득합니다. 문제투성이의 고통스러운 삶을 재현하는 이야기를 통해 살면서 겪는 갈등을 새롭게 경험하는 것입니다. 아리스토텔레스는 비극이 "진지한 행동을 모방"한다는 말로 이를 지지합니다.

정리하자면 이 책에서 다루는 이야기는 허구적 서사 중에서도 문학 서사에 속하는 것으로서 갈등을 중심으로 인과율로 엮인 일련의 사건이라 하겠습니다.

이야기가 무엇인가를 말하면서 한 가지 더 정리할 것이 있습니다. 스토리텔링, 내러티브, 스토리, 플롯 등 이야기와 관련한 여러 용어가 있는데, 그 각각이 어떤 범위에 걸쳐 있는지 그리고 연극치료에서 이야기를 말할 때는 어떤 단어로 말하는 것이 가장 적절한지를 구별할 필요가 있으니까요.

이 용어들은 모두 이야기로 이어져 있지만 그중에서도 나머지의 바탕이면서 동시에 구조적으로 가장 느슨한 것이 바로 스토리텔링(storytelling)입니다. 이야기(story)와 말하기(telling)가 합쳐진 스토리텔링은 친교나 재미, 정보전달, 선동 등을 목적으로 화자가 청자에게 뭔가를 말하는 행위라 할 수 있습니다. 우리말로는 이야기하기 또는 구연(口演)에 가깝겠지요. 하지만 스토리텔링은 꼭 말이 아니라 이미지나 소리만으로도 가능하며, 그래서 요즘은 영화, 문학, 광고, 게임 등 다양한 분야에서 스토리텔링이라는 말을 흔히 들을 수 있습니다.

내러티브(narrative) 또는 서사(敍事)는 말 그대로 어떤 일을 글로 기록하는 것을 뜻합니다. 서사는 신문 기사, 실험 일지, 역사서 등 글쓴이의 경험을 서술하는 경험적 서사와 희곡이나 소설과 같은 허구적 서사로 나눌 수 있으며, 독자의 심미적 반응을 염두에 둔 허구적 서사를 문학적 서사라 좁혀 말하기도 합니다. 내러티브/서사는 사건을 기술함에 있어 특히 시간성을 중시합니다.

스토리(story)는 흔히 이야기로 옮기지만 마지막에 설명할 플롯(plot)과 비교한다면 줄거리에 더 가까운 말이라 할 수 있습니다. 희곡이나 소설에서 잇달아 일어난 일련의 사건을 지칭하는 스토리는 독자에게 강한 설득력을 갖기를 목표로 합니다.

네 번째 플롯(plot)은 사전을 보면 (소설이나 영화의) 구성 또는 음모라고 풀이되어 있습니다. 즉 스토리가 사건을 순차적으로 나열하는 것이라면 플롯은 사건을 인과관계를 중심으로 구조화하는 것입니다. "왕이 죽었다. 그리고 얼마 안 가 왕비도 죽었다." 이것은 스토리입니다. 그에 비해 플롯은 "왕이 죽었다. 그리고 얼마 안 가 슬픔을 견디지 못한 왕비가 죽었다"라고 하는 것입니다. 『시학』에서 아리스토텔레스가 가장 강조한 것이 이 플롯과 플롯의 개연성인데, 그것은 이야기의 흡인력과 설득력을 담보하는 것이 바로 거기에 있다고 보았기 때문입니다.

이를 기준으로 연극치료에서 쓰는 이야기를, 다시 말하면 참여자의 실제 경험에 관한 이야기는 경험적 서사에 해당하고, 참여자가 상상한 이야기는 허구적 서사라 할 수 있으며, 옛 이야기는 문학적 서사로 구분할 수 있습니다.

02 이야기를 왜 쓰는가?

1) 이야기는 우리의 본능이다

이야기란 일련의 사건을 의미 있게 배열한 것입니다. 또 이야기가 설득력을 발휘하자면 사건들을 그럴듯한 인과 관계로 연결하는 것 바로 플롯의 개연성이 중요하지요. 원인과 결과로서 긴밀하게 엮인 사건인 이야기에 대한 인간의 선호는 매우 확고해서 인간의 자기 인식이 이야기를 통해 이뤄진다고 본 폴 리쾨르(Paul Ricoeur)는 르네 데카르트의 유명한 경구를 끌어와 "나는 이야기한다. 고로 존재한다"고 말하기도 했습니다.

우리가 이야기에 본능적으로 끌리는 이유를 진화의 관점에서 보자면 이렇습니다. 발생생물학자인 루이스 월퍼트(Lewis Wolpert)는 인류가 살아남기 위해 전력투구하는 과정에서 이야기를 만드는 능력을 획득하게 되었다고 말합니다. 도구를 쓰도록 진화해온 인간(Homo Habilis)은 도구를 사용하면서 특정한 용도에 맞는 수단, 곧 목적이 되는 원인과 결과라는 도식을 자연스럽게 내면화합니다. 도구를 사용하는 과정은 일련의 순차적인 동작을 요구하고, 그것은 인간의 고유한 도구인 언어의 문법 체계에서도 그대로 반복됩니다. 인간은 그렇게 인과율을 추구하는 본능을 갖게 되었고 그에 따라 이야기를 통해 어떤 사건을 인과 관계로 설명하면서 과거와 미래를 일목요연하게 이해할 수 있다고 믿는 것입니다.

달리 말하면 우리에게는 그만큼 인식의 일관성이 중요하다 할 수 있습니다. 인간의 이 같은 성향은 인지부조화 이론에서도 확인됩니다. 인지부조화 이론은 태도와 행동이 서로 어긋날 때 스트레스를 느끼고 그 불편감을 해소하기 위해 행동을 바꾸는 대신 이미 취한 행동에 부합하도록 태도를 바꾸는 우리의 편향을 말합니다. 높이 매달린 포도를 딸 수 없을 때(행동)는 아직 덜 익은 신 포도라 먹지 않는 게 낫다(태도)고 엉뚱한 핑계를 대면서 사실보다 일관성을 택하는 것입니다.

한편 이야기를 추구하는 인간의 본능은 삶의 짝패인 죽음으로도 설명할 수 있습니다. 인간에게 가장 모호한 경험은 시간입니다. 그리고 이야기는 그 형체가 없는 시간을 가시화함으로써 알 수 없음이 주는 공포를 한결 덜어줍니다. 우리는 어디서 시작해 어디를 거쳐 어딘가에서 기어코 멈추는 이야기를 통해 삶이라는 시간적 경험을 재현하면서 그것을 이해하고 거기 의미를 부여합니다. 이야기는 불가해한 시간을 길들이는 도구로서 본능적으로 우리를 끌어당깁니다.

우리는 윤리적 측면에서도 이야기를 필요로 합니다. 이야기는 생생한 플롯으로 보편과 특수를 이음새 없이 봉합하여 그것을 접하는 사람들에게 다양한 가치를 감정과 함께 겪도록 돕습니다. 애쓰지 않으면 쉬이 관심 밖으로 밀려날 다른 사람의 이야기에 마음을 열게 해주고, 타자와의 차이를 통해 나라는 동일성을 돌아보게 합니다. 여럿이 어울려 살아갈 수밖에 없는 인류에게 이야기를 통한 서사적 상상력은 생존이 걸린 긴박한 주제일 수밖에 없습니다.

이야기는 인간의 기본 조건인 시간과 공간의 제약 곧 죽음과 몸(개별성)의 문제를 다루기 위해 인류가 발명한 강력하고 오래된 시뮬레이션 장치이며, 그것이 우리의 이야기 친화적 본능을 설명해줍니다.

2) 우리는 이야기로 생각한다

일단 우리가 이야기로 생각한다는 것을 보여주는 한 가지 심리 실험을 소개하겠습니다.

두 집단의 피험자가 대장내시경 검사를 했습니다. 그 중 A집단은 검사가 끝나자마자 내시경을 제거했고, B집단은 검사가 끝나고도 한참을 기다렸다 나중에 내시경을 제거했습니다. 1시간 후에 두 집단에게 검사를 하면서 얼마나 아팠는지 또 재검사를 받을 의향이 있는지를 물었습니다. 상식적으로는 검사 시간이 길었던 B집단이 고통을 크게 느끼고 재검사도 받지 않겠다고 했을 가능성이 높습니다. 그런데 실험의 결과는 오히려 8분 만에 검사를 마친 A집단보다 24분 동안 검사를 받은 B집단이 고통의 정도를 낮게 지각했을 뿐 아니라 재검사를 받겠다는 반응이 많았습니다. 고통의 절대량은 B집단이 더 컸음에도 불구하고 고통이 점차 감소하면서 천천히 사라졌기 때문에 그 경험을 훨씬 덜 고통스럽게 기억한 것입니다.

이 실험은 우리의 경험과 그에 대한 기억이 동일하지 않음을 보여줍니다. 사는 동안 우리는 셀 수 없는 경험을 지속하고 축적합니다. 경험은 매 순간 끊이지 않고 일어나지만 두뇌는 우리가 겪는 모든 것을 저장할 수 없지요. 그래서 기억은 선별적일 수밖에 없고 그 과정에서 감정과 욕구에 따라 경험의 변형이 일어나게 됩니다.

대니얼 캐너먼(Daniel Kahneman)은 자신이 설계하고 진행한 이 실험에 착안하여 우리에게 지금 일어나는 것을 겪는 '경험하는 나'와 지난 경험을 돌아보고 평가하여 의미를 부여하는 '기억하는 나'가 따로 있음을 밝혔습니다. 그러니까 숨 쉬고 걷고 일하고 느끼는 매 순간 우리는 '경험하는 나'로 살아가는 것입니다. '경험하는 나'는 쾌감을 추구하고 고통을 회피하는 축적이 불가능한 감각의 원리를 따릅니다.

한편 '기억하는 나'는 그 연속되는 경험에서 의미 있는 순간을 선별하여 '나'와 '나의 인생'이라는 통합된 이야기를 만들고, 그것을 바탕으로 의사결정을 하고 미래를 꿈꿉니다. 다시 말해 '기억하는 나'는 일련의 사건을 의미 있게 배열하는 이야기로서 작동하는 것입니다. 그래서 '기억하는 나'에 문제가 생기면 경험은 중단 없이 지속됨에도 불구하고 '나'의 정체성을 유지하면서 '나로서 사는 삶'은 더 이상 가능하지 않게 됩니다.

인생은 그러므로 기억의 문제 곧 이야기라 할 수 있으며, 정체성과 삶의 조건을 다루는 연극치료에서도 이야기는 당연히 우리의 사고형태와 동질적인 언어로서 긴요하게 쓰일 수밖에 없습니다.

3) 이야기는 치유적이다

어린이 환자를 주로 만났던 정신분석의 브루노 베텔하임(Bruno Bettelheim)은 아이들이 유독 옛날이야기에 심취하는 것에 호기심을 품고 그 이야기들이 정신분석의 관점에서 어떤 의미가 있고 아이들의 심리적 성장에 어떻게 기여하는지를 탐구하여 『옛 이야기의 매력』이라는 탁월한 결과를 내놓았습니다.

그는 그 책에서 힌두의 전통 민간요법에서는 심리적 혼란을 겪는 환자에게 그에 맞는 옛 이야기를 처방해주었다고 하면서 그 같은 치료적 개입이 유효한 이유를 이렇게 말합니다. "환자는 처방받은 이야기를 명상하면서 자신이 겪고 있는 고통의 본질을 생생하게 보고 그 해결의 가능성을 모색하게 된다. 인간의 좌절과 희망 그리고 시련을 견뎌내는 방법이 담겨 있는 특정한 이야기를 통해 환자는 고통에서 빠져나갈 길을 발견할 뿐 아니라 이야기의 주인공이 그렇듯 자기 자신을 발견할 수 있다."

또 정신분석가인 로버트 존슨(Robert A. Johnson)은 "위대한 신화는 모든 사람의 삶에서 진행되는 단계별 성장에 대한 기록"이라고 했습니다. 신화와 옛 이야기를 "삶에 의미와 가치를 제공하는 인간 행동의 모형들"이라 여긴 종교학자 미르체아 엘리아데(Mircea Eliade) 역시 신화와 옛 이야기가 어리고 약한 존재가 (은유적인) 죽음을 겪으면서 강하고 성숙한 존재로 거듭나는 통과의례를 내포하며, 바로 그런 점이 사람들에게 울림을 갖는 이유라고 주장합니다. 이들은 모두 고통을 겪으며 성장해가는 연약한 인간을 보여준다는 데서 이야기의 치유적인 특성을 찾습니다.

이야기가 그럴 수 있는 까닭은 "진지한 인간의 행동을 모방"하는 그 본질에서 비롯됩니다. 이야기는 혼돈에 처한 인물을 다룹니다. 혼돈은 말 그대로 하늘과 땅이 나누어지기 전처럼 전혀 갈피를 잡을 수 없는 상태입니다. 그래서 거기서 서둘러 도망치려해도 방향을 찾을 수가 없지요. 그런데 이야기는 전후좌우가 없는 혼돈을 일련의 사건과 인물로 표현합니다. 어떤 분별도 가능하지 않았던 혼돈에 형태를 부여하는 것입니다. 그렇게 이야기된 혼돈은 더 이상 혼돈일 수 없습니다. 무의식에서 들끓는 갖은 불안과 욕망들, 버림받는 것에 대한 공포, 굶주림에 대한 공포, 애정에 대한 욕구, 부모에 대한 원망, 자신의 가치에 대한 불안, 삶에 대한 애착, 죽음의 공포. 이야기는 그것들이 처음과 중간과 끝을 갖도록 배열하여 우리가 미처 해석되지 않은 질서인 혼돈에 머무르는 것을 가능케 합니다. 그리고 그렇게 혼돈을 받아들일 때 새로운 질서를 만날 수 있습니다. 삶의 비극적인 본질에 압도되거나 그것을 외면하지 않고 삶을 잠식하는 위험과 공포에 용감히 맞섬으로써 자신을 확증하며 삶의 의미를 찾아가는 것입니다.

4) 이야기는 재미있다

"옛날에 한 남자가 있었다. 그는 종로 거리의 담뱃가게에서 전기수(傳奇叟)가 책 읽는 것을 듣고 있었다. 이야기에 깊이 빠져든 청중. 그런데 갑작스러운 일이 벌어졌다. 소설을 듣던 남자가 주인공이 뜻을 이루지 못한 대목에 이르자 흥분을 감추지 못하고 눈을 부릅뜨고 침을 뱉었다. 그리고 담배 써는 칼로 전기수를 찔러 그 자리에서 죽였다." 이것은 조선왕조실록 정조 14년(1790년) 8월 10일의 기록 중 일부입니다. 전기수는 책이 요즘처럼 흔하지 않던 시절에 인기 있는 소설을 외워 들려주던 사람이라 합니다. 스토리텔링이 직업인 것이지요. 그런데 가엾게도 사서에 기록된 이 전기수는 이야기를 재미있게 전하는 재주가 지나쳐 죽임을 당했습니다. 그런 한편 『천일야화』의 스토리텔러인 세헤라자데는 정반대로 재미난 이야기를 들려준 덕분에 천일 동안 목숨을 부지할 수 있었고, 자신의 삶뿐 아니라 배신의 고통을 끔찍한 살인으로 되갚으려 했던 남편의 상처를 어루만져 회복시켰습니다. 이렇게 이야기는 목숨을 살리기도 하고 빼앗기도 할 만큼 사람을 강력한 힘으로 몰입시킵니다.

이야기의 흡인력은 남녀노소를 가리지 않습니다. 대여섯 살 아이들이 뭔가에 주의를 집중하는 시간은 대개 15분을 넘지 못합니다. 그런데 그런 아이들도 이야기를 들려줄 때만은 예외여서 이야기가 끝날 때까지 30분가량 집중을 유지하는 것을 관찰할 수 있습니다.

이 같은 이야기의 흡인력은 재미에서 옵니다. 그렇다면 이야기는 왜 재미있을까요?

혹은 어떻게 재미를 만들어낼까요? 결론부터 말하면 이야기의 재미는 감정이입과 긴박감에 있습니다. 듣거나 보는 사람이 주인공에게 동일시하여 그가 겪는 사건들을 가슴 졸이며 대리 경험하는 것이 이야기가 주는 재미의 본질이라 할 수 있습니다.

아리스토텔레스가 『시학』에서 플롯의 개연성과 함께 연민과 공포를 강조한 이유가 바로 이것입니다. 그는 연민은 주인공이 부당하게 불행에 빠지는 것을 볼 때 일어나고, 공포는 주인공이 겪는 고통이 자신에게 닥칠 수도 있다고 느껴질 때의 감정이라고 설명하면서 그 같은 감정을 정화하는 것이 비극의 목적이라 밝혔습니다. 그러니까 이야기의 제반 장치는 사람들의 마음을 파고들어 감정을 자극하고 그것을 특정하게 변형하기 위함임을, 다시 말해 비극이 감정을 위한 형식임을 그렇게 표현한 것입니다. 이야기는 다른 어떤 예술보다 현실을 생생하게 재현함으로써 빠른 속도로 강하게 감정에 접촉하여 움직임으로써 흡인력을 발휘합니다.

이야기가 자극하는 감정의 스펙트럼은 끝없이 다양하지만, 그것을 관통하는 키워드는 긴박감이라 할 수 있습니다. 균형이 깨진 상태에 처한 주인공이 균형을 회복하기 위해 벌이는 싸움을 이야기라 할 때, 그것을 전개하는 힘은 주인공의 욕망과 그것을 저지하는 방해자의 대립에서 만들어집니다. 그래서 양 측의 힘이 팽팽하게 맞설수록 그 싸움을 구경하는 이들이 느끼는 긴박감이 커지면서 더욱 이야기 안으로 끌려들어 가게 되지요.

작가들은 간혹 긴박감을 높이기 위해 관객은 아는데 주인공은 모르는 아이러니한 상황을 만들기도 합니다. 예를 들어 '햄릿'에서 햄릿과 레어티스의 결투 장면이 그렇습니다. 거기서 관객은 레어티스의 검에 독이 묻어 있다는 사실을 아는데 주인공인 햄릿은 그것을 모르고 결투에 임하지요. 그럴 때 긴박감은 더욱 짙어지고 관객의 연민과 공포도 함께 커집니다.

정리하면 이야기는 힘들게 싸우는 주인공을 통해 긴박감을 바탕으로 한 다양한 감정을 대리 경험하게 함으로써 관객을 유혹하고 붙들어 매고 움직이며, 우리가 이야기를 통해 느끼는 즐거움은 거기서 연유합니다.

5) 이야기는 안전하고 정확하다

심리치료를 받는 것은 여러 면에서 쉽지 않습니다. 우리처럼 남의 시선을 크게 의식하는 풍토에서 '환자 됨'을 감수하는 것도 큰일이고, 경제적인 부담도 작지 않으며, 무엇보다 자신의 약하고 악한 그림자와 대면하는 것이 넘어야 할 큰 산입니다. 약함은 약함대로 악함은 악함대로 자신의 진면목을 마주 하는 건 매우 고통스럽습니다. 하지만 모든 변화는 죽음을 내포하는 법이어서 그 고통을 겪지 않고서는 새롭게 달라진 자신을 만날 수 없습니다.

옛 이야기의 주인공들은 하나 같이 위험한 고비를 넘습니다. 부모에게 버림받은 헨젤과 그레텔은 깊고 어둔 숲에서 길을 잃지 않고 빠져나가야 하고, 고된 일에 지쳐 쉬고 싶었던 소금 장수는 자신을 집어삼킨 호랑이 뱃속에서 탈출해야 하며, 엘리제는 침묵을 지키며 가시 돋친 쐐기풀로 옷 열한 벌을 떠야만 백조로 변한 오빠들의 저주를 풀 수 있습니다. 하지만 그 위험을 잘 통과한 주인공에게는 해피엔딩이 기다리고 있습니다. 더 이상 길 위에 있지 않고 제 집을 찾고, 호랑이를 물리친 생존자가 되며, 사랑하는 이들과 기쁘게 재회합니다. 그때의 주인공은 이야기의 시작에서와 같지 않습니다. 성장한 것입니다.

무의식의 혼돈에 머물러야 하는 참여자의 고통은 옛 이야기의 주인공에 못지않습니다. 그때 참여자를 도울 수 있는 한 가지가 바로 이야기입니다. 이야기는 투사를 통해 참여자의 내면을 비추되 실제 경험을 직설적으로 다루지 않기 때문에 참여자의 모습이 날 것 그대로 노출되는 위험을 우회하도록 돕습니다. 부끄럽고 두려운 민낯을 가려주는 일종의 가면이 되어주는 것이지요.

이야기의 그 같은 안전함은 역설적으로 더욱 정확하고 솔직한 투사를 불러옵니다. 참여자의 실제 경험과 관련된 경험적 서사는 의식의 필터를 거쳐 구조화된 것이라서 참여자의 의식적 사고를 반영하는 경향이 강합니다. 그에 비해 옛 이야기라는 문학적 서사는 그 허구성 덕분에 의식의 검열로부터 상대적으로 자유로우며, 그래서 참여자가 생각하는 자신의 모습이 아니라 의식의 판단이나 지향과 상관없는 있는 그대로의 모습이 투사되지요. 이것은 말보다 몸이 솔직하다는 연극치료의 원리와 맥락을 같이 합니다.

이야기의 안전함과 정확성은 거리두기의 관점에서도 설명이 가능합니다. 적절한 거리가 확보되지 않을 경우, 무의식을 탐험하는 과정에서 혹여는 참여자가 그 혼돈에 압도되어 심각한 혼란을 겪을 수도 있습니다. 그런데 이야기는 무의식의 역동을 다른 인물의 서사를 빌려 외화 함으로써 참여자가 그 내용을 객관적으로 바라볼 수 있게 해줍니다. 그래서 참여자가 주인공의 경험을 고스란히 느끼며 살아내면서 동시에 이야기를 지도 삼아 자신이 지금 어디 있는지 그리고 어디로 가야 하는지를 적절한 거리를 두고 조망할 수 있습니다.

영국의 연극치료사 로저 그레인저(Roger Grainger)는 이야기의 이 같은 힘을 페르세우스의 방패로 은유합니다. 그리스 신화에서 페르세우스는 메두사를 물리친 영웅입니다. 메두사는 머리칼이 모두 뱀인데다가 그녀와 눈이 마주친 사람은 누구든 그 흉측한 모습을 감당할 수 없어 돌로 변하는 저주를 품고 있는 괴물이지요. 메두사와 싸워 이겨야 하는 페르세우스에게 그 눈을 보면 몸이 굳어져 돌이 된다는 저주는 이중의 위험이 아닐 수 없습니다. 그래서 페르세우스를 돕는 여신 아테나는 그에게 거울처럼 빛나는 방패를 주었고, 페르세우스는 그 방패 덕분에 메두사를 정면으로 맞닥뜨리지 않고도 승리할 수 있었습니다. 방패를 거울삼아 메두사의 모습을 비추어 볼 수 있었기 때문이지요. 참여자가 직면해야 하는 약하고 악한 자기 혹은 무의식의 혼돈은 바로 이 메두사와 같습니다. 그 끔찍한 공포의 위력은 우리를 순식간에 돌로 만들어 버릴 수 있는 것이지요. 그때 이야기는 메두사를 정확하게 비추되 맨 눈으로 그 모습을 목도하지 않고 우회하게 한 페르세우스의 거울 방패라 할 수 있습니다.

6) 이야기는 다양하게 해석된다

영화 '해리포터와 마법사의 돌'에 오래도록 기억에 남는 장면이 하나 있습니다. 마법사의 돌을 찾던 해리 포터는 우연히 거울의 방에 들어가게 되고, 거울 속에서 꿈에 그리던 엄마와 아빠를 만납니다. 한 번도 본 적 없는 부모님을 만난 해리는 벅차오르는 기쁨을 가누며 친구 론 위즐리를 데려옵니다. 사랑하는 친구에게 자신의 부모님을 자랑하고 싶은 마음이었을 겁니다. 그런데 막상 거울 앞에 선 론에게 나타난 것은 해리의 부모님이 아니라 형제들 앞에서 보란 듯 상을 받는 그의 모습이었지요. 그 거울은 보는 이의 마음에 간직된 간절한 바람을 비추는 소망의 거울이었던 것입니다.

그 앞에 선 사람의 마음을 비춘다는 점에서 연극치료의 이야기는 이 거울과 같습니다. 자기 안에 있는 것을 밖에서 본다는 내심외경(內心外境), 곧 투사의 원리는 물론 이야기에 한정되지 않습니다. 그러나 옛 이야기는 오랜 시간을 거치면서 수많은 사람의 원망(願望)을 서사의 형태로 담아낸 보편적 상징과 은유의 집적체이며, 그런 관점에서 다층적인 의미와 해석의 층을 품은 깊은 거울이라 할 수 있습니다.

상징과 은유는 특정 대상을 지시하면서 동시에 그것 너머에 있으면서 그와 연결된 다른 것들을 한꺼번에 불러냅니다. 상징과 은유는 그렇게 커다란 항성을 중심으로 수많은 별들이 모여 하나의 별자리를 이루듯 의미의 성운을 형성하고, 넓은 범위와 차원에 걸친 의미의 두께가 다시 해석의 다양성으로 이어집니다. 읽는 이의 경험에 따라 서로 다른 의미를 만나게 되는 것이지요. 그 해석의 정확성은 개인의 경험에 따라 다르지만, 상징과 은유는 결코 하나의 정답을 고집

하지 않으며 여러 가지 해석을 가능한 답으로 끌어안으면서 동시에 각 관점의 위치를 특정해 보여줍니다.

똑같은 사과를 두고도 신화 속 파리스를 닮은 참여자는 그것을 아름다움으로 읽을 것이고, 죄책감에 짓눌린 사람이라면 거기서 아담과 이브의 유혹과 원죄를 볼 것이며, 저항과 자유가 주제인 이에게는 빌헬름 텔의 사과가 떠오를 테고, 또 다른 누군가는 사과에서 과학적 통찰을 끌어낸 지혜를 만날 것입니다. 상징과 은유의 이 같은 다의성 덕분에 옛 이야기는 해리 포터의 소망의 거울처럼 그것을 읽는 참여자들의 서로 다른 내면을 정확하게 비출 수 있습니다.

7) 이야기는 미래를 살게 한다

치료적 변형은 크게 진단 - 변형 - 훈습의 세 단계로 진행됩니다. 그 시작은 참여자의 현재 위치를 파악하는 것입니다. 무엇으로 힘들어 하고 어떻게 되고자 하는지, 문제가 어디서 발생하여 어떻게 고착되었는지, 넘어서야 할 장애물과 변형을 위한 자원은 무엇인지 등을 참여자와 치료사가 함께 알아야 하지요. 진단은 다시 참여자의 상처 입은 아이(the wounded child)를 찾아내는 단계라 할 수 있습니다.

그 다음에는 문제의 장면을 다시 사는 것이 필요합니다. 치료 과정의 첫 단계가 진단과 자각에 초점을 둔다면, 변형의 두 번째 단계에서는 문제의 중심에 있는 역할 혹은 상처 입은 아이의 결정적인 장면을 재현하면서 그와 관련된 고통스러운 감정을 깊이 느끼는 것이 중요합니다. 상처 입은 아이를 제대로 충분히 느낄 때 비로소 돕는 어른으로서 그 아픔을 적절하게 담아내고 그를 초래한 고착된(그리고 대개는 왜곡된) 신념을 수정할 수 있지요. 변형 단계는 참여자의 역할 체계에서 상처 입은 아이를 돌볼 수 있는 돕는 어른을 찾아내는 것을 주로 합니다.

마지막은 훈습의 단계입니다. 참여자에게 상처 입은 아이는 익숙하지만 그를 돌보는 돕는 어른의 역할은 여전히 낯설 수밖에 없습니다. 치우친 역할 체계를 바로잡기 위해서는 그래서 새로 찾은 돕는 어른 역할을 반복해 연기하면서 든든히 자리 잡게 하는 것이 필요합니다.

진단 - 변형 – 훈습의 세 단계는 모두 참여자의 현재를 다루지만, 그 초점에 따라 시제를 부여한다면 과거에서 현재를 거쳐 미래를 향한다고 할 수 있습니다. 참여자의 실제 경험은 어쩔 수 없이 과거에 한정됩니다. 물론 과거에 대한 기억 역시 기록이 아니라 지금 여기의 욕망이 투사된 해석이라는 점에서 현재와 과거가 섞여 있지만, 거칠게 분류하자면 그렇습니다. 그래서 진단의 첫 단계와 상처 입은 아이에게 필요한 돕는 어른 역할을 불러내는 변형 단계까지는 참여자의 경험적 서사를 다루어도 무리 없이 목표를 달성할 수 있습니다. 그러나 새로 찾은 돕는 어른의 역할을 내면화하는 것이 과업인 마지막 단계에서는 참여자가 이제껏 살지 않았던 다른 이야기가 필요합니다.

자신을 드러내지 못하고 숨겼던 사람이라면 가짜를 벗고 본래 모습으로 당당히 세상에 제 목소리를 내는 이야기를 살아야 할 것이고, 꼭두각시처럼 제멋대로인 충동에 휘둘려 왔다면 그것이 종국에 가져올 결과를 앞당겨 경험하게 해주는 이야기를 통해 제때에 멈추는 역할을 훈습해야 할 것이며, 남 탓과 분노가 삶을 이끈 동력이었다면 자신의 고통을 깊이 슬퍼함으로써 다른 이의 고통까지 볼 수 있는 힘을 얻는 이야기를 따라가는 것이 좋겠지요.

경험적 서사를 통해서도 해당 참여자에게 필요한 돕는 어른의 역할을 연습할 수는 있습니다. 하지만 옛 이야기의 허구적 서사는 참여자의 상처 입은 아이와 그 아이를 잘 돌볼 수 있는 방법 그리고 성숙한 돕는 어른이 해야 할 일을 모두 인물과 사건을 통해 자연스럽고 생생하게 제시한다는 것이 강점이며, 그래서 참여자는 이야기 속에서 자신에게 필요한 미래를 선취할 수 있습니다.

03 이야기를 어떻게 쓸 것인가?

1) 참여자의 주제, 역할, 감정과 관련된 이야기를 선택한다

어떤 이야기를 쓰더라도 참여자는 거기에 자신의 마음을 투사할 것이므로 특정한 참여자에게 특정한 이야기가 반드시 필요하고 그것이 아닌 나머지는 무용하다고 말할 수 없습니다. 실제로 집단 상담에서는 참여자의 면면을 구체적으로 알 수 없는 초반 회기에 '흥부전'이나 '콩쥐 팥쥐' 등 누구나 아는 옛 이야기를 극화하는 경우가 많습니다. 친숙하고 쉬운 이야기로 참여자의 부담을 덜고 극적인 흥미를 돋우면서 극화 과정에서 드러나는 중요한 진단적 정보를 얻기 위함이지요.

하지만 안타깝게도 느긋하게 세상의 모든 이야기를 써 볼 수 있는 작업 환경은 없습니다. 시간적으로나 재정적으로 한정된 자원을 효율적으로 쓰는 것이 상담의 중요한 원칙이며, 이야기의 사용 역시 그 맥락에서 벗어나지 않습니다. 특히 이야기를 활용한 작업은 일반적으로 단회기에 그치지 않고 여러 회기를 요한다는 점에서 꼭 필요한 이야기를 적절한 방식으로 극화하는 것이 요구됩니다. 그리고 여기서 필요한 이야기란 해당 시점에서 다루어야 할 참여자의 감정이나 역할 혹은 주제와 관련된 이야기라 할 수 있습니다.

그런데 이야기에 담긴 감정과 역할과 주제를 파악하는 데는 필연적으로 이야기에 대한 분석이 전제되며, 그 분석의 관점은 상징과 은유에 대한 해석이 다층적인 만큼 여러 방향으로 열려 있어 어떤 시각을 따라야 할지 혼란스러울 수도 있습니다.

한스 크리스티안 안데르센의 동화 '미운 오리 새끼'를 예로 들어볼까요? 이야기는 가장 늦게 알을 깨고 나온 이상하고 못 생긴 새끼

오리가 주변의 구박과 괴롭힘을 견디지 못하고 집을 나오지만 어디서도 받아들여지지 못해 혼자 힘들게 겨울을 나고 봄이 되면서 자신도 모르는 사이에 아름다운 백조로 바뀐 제 모습을 확인한다는 줄거리를 갖고 있습니다.

이 이야기를 작가와 작품을 나란히 놓고 작가의 경험이 이야기에 어떻게 투사되는지를 주로 살피는 정신분석적 관점에서 읽으면, 안데르센이 자신의 열등감과 어떻게 싸웠는지를 보여주는 일종의 자전적 서사라 할 수 있습니다. 가난하고 못 배운데다 외모도 내세울 것 없이 추레해서 평생 독신으로 살며 주변의 평가에 신경을 곤두세웠던 작가는 알고 보니 그 미운 오리 새끼가 황홀하도록 아름다운 백조였다는 반전의 결말로 자신의 결핍을 대놓고 보상하고 있지요. 그리고 그 점이 현실성을 잃은 우리 내면의 과장된 열등감과 우월감의 관계를 잘 보여줍니다.

이야기의 분석에는 그것이 쓰인 당시의 역사적이고 사회적인 배경을 고려하는 또 다른 관점이 가능할 것입니다. 작가는 프랑스 혁명 이후 부르주아의 지배가 공고해지는 19세기 전반기를 살았고, 봉건 귀족 사회를 무너뜨린 부르주아는 혈통 대신 능력을 지배의 근거로 내세웠지만 그 역시 신이 각자에게 배당한 타고난 특질이라는 점에서 봉건시대의 혈통과 크게 다르지 않습니다. '미운 오리 새끼'는 그런 측면에서 어떤 환경에 놓여도 백조로 태어난 자는 끝내 백조의 본성을 찾아가게 되어 있다는 줄거리로 부르주아의 본질주의를 선명하게 옹호하는 이야기입니다.

이야기가 은연중에 품고 있는 계급 상승의 동기를 적극적으로 활용하는 경영학적 관점도 있습니다. 자기계발 컨설턴트인 메트 노가드(Mette Norgaard)는 『미운 오리 새끼의 출근』이라는 책에서 독자들에게 미운 오리 새끼처럼 비루한 루저에 머물러 있지 말고 자기 안에 숨겨진 백조의 본능을 찾아 성공을 쟁취하기를 강권합니다. 미운 오리 새끼에서 화려한 백조로의 변신을 강조하는 이 같은 독해는 그의 의도와 상관없이 드라마틱하게 달라진 비포 애프터 사진으로 사람들을 유혹하는 성형수술 광고를 연상시킵니다.

한편 분석심리학은 미운 오리 새끼 이야기를 개성화의 여정으로 읽어냅니다. 집이라는 울타리를 벗어난 아기 오리가 오리의 페르소나를 깨고 할머니와 고양이와 암탉을 통해 아니마를 만나고 백조 무리에게서 자신의 그림자를 확인하며 그렇게 겨울을 지나 봄을 맞으면서 조화롭고 통합된 백조로 새로이 태어난다는 것이지요.

저는 연극적 관점에서 미운 오리 새끼를 '남과 다른 사람의 아픔과 성장'에 대한 이야기로 읽습니다. 이야기는 남다름(difference)이 잘못됨(wrongness)으로 통용되는 동질적이고 배타적인 집단 속에서 대다수와 다른 미운 오리 새끼가 겪어야 하는 약자의 고통을 농장, 청둥오리 떼, 눈 먼 할머니의 집, 할아버지 댁으로 환경을 바꾸어가며 반복적으로 보여줍니다. 그리고 그 박해와 혼자서 겨울을 나야 했던 시련의 과정은 미운 오리 새끼를 우아한 백조로 성장시킵니다. 죽음에 준하는 고통을 겪어냄으로써 변형을 성취하는 통과의례의 원리를 그대로 보여줍니다. 그렇게 미운 오리 새끼는 자신이 누구이고 어디서 왔는지를 확인하고 수용하지요.

하지만 이 이야기는 치료적 측면에서 자칫 잘못 쓰일 수도 있어 세심한 주의가 필요합니다. 미운 오리 새끼와 우아한 백조는 자신을 다른 대상과 견주어 상대적으로 가치를 매기는 것의 다른 양상일 뿐입니다. 즉 미운 오리 새끼의 열등감과 우아한 백조의 우월감은 자신을 있는 그대로 받아들이지 못하고 비교 평가에 의존하는 낮은 자존감의 서로 다른 표현 방식인 것입니다. 그러므로 치료 장면에서는 미운 오리 새끼인 현재를 부정하면서 우아한 백조가 되기를 독려하는 우를 범하지 않도록 조심해야 합니다.

이렇게 하나의 이야기를 두고도 여러 시각의 읽기가 가능하며 그 중 어떤 것이 독점적으로 옳지도 않습니다. 그러므로 연극치료에 활용할 목적으로 이야기를 읽을 때는 기존의 정신분석적, 사회역사적, 분석심리학적 관점 등을 참고하여 필요에 따라 선택적으로 적용할 수 있습니다. 하지만 그런 경우에도 이야기의 변형과 극화를 위해서는 주인공의 주된 감정과 역할을 분명히 하고 그에 따라 작업의 방향과 구조를 설계하는 것이 필요합니다. 바꿔 말해 다른 학문적 시각에서의 분석은 사례에 따라 도움이 될 수도 있고 그렇지 않을 수도 있는데 반해 연극적 관점에서의 분석은 어떤 경우든 필수적이라 할 수 있습니다.

연극적 관점에서 읽는 것을 좀 더 설명하면 이렇습니다. 가령 지금 여기의 나를 홀대하면서 늘 다른 곳의 다른 사람을 부러워하는 참여자가 있다면, 그 선망에 초점을 두고 '인어공주'를 깊이 있게 탐험할 수 있습니다. '인어공주'를 자신을 부정하고 다른 사람이 되고자 하는 선망하는 자의 비극으로 풀어내는 것이지요. 이야기를 따라가면서 인어공주가 뭍의 무엇을 탐했는지, 그것을 얻기 위해 어떤 대가를 치렀는지, 멀리서 그리워하던 것과 가까이서 겪는 것의 차이가 무엇인지를 구체적으로 경험함으로써 자기 부정으로 귀결되는 과도한 선망의 역동을 경계하도록 안내하는 것입니다. 인어공주를 또 다른 관점에서도 읽을 수 있습니다. 인어공주는 사람의 다리를 얻는 대가로 목소리를 내줍니다. 그래서 뭍에 사는 왕자 곁으로 갈 수 있게 되지만 그의 마음을 얻는 데는 실패합니다. 당신을 사랑한다고, 풍랑 치는 바다에서 당신을 구한 게 나라고, 걸음을 옮길 때마다 다리를 칼로 저미는 고통이 느껴지지만 그래도 당신과 함께여서 행복하다고 말하지 못했기 때문입니다. '목소리를 잃은 사람'이 된 것입니다. 인어공주는 그로 인해 목소리뿐 아니라 종국에는 바다와 가족과 형체를 모두 잃고 공기가 됩니다. 인어공주 이야기는 그렇게 자신의 욕구와 느낌과 생각을 소리 내어 말하지 못할 때 서서히 존재가 무화(無化)되는 과정을 보여줍니다.

목소리를 잃은 사람의 비극적 사랑이라는 모티프는 그리스 신화의 에코에게서도 나타납니다. 님프 에코는 헤라의 미움을 사서 다른 사람이 한 말의 꼬리만 따라하게 되는 저주를 받습니다. 그리고 그녀는 곧 아름다운 나르키소스에게 마음을 빼앗겼지요. 하지만 인기척을 느낀 나르키소스의 말끝을 반복하는 것 말고는 할 수 있는 게 없었습니다. 그의 곁을 맴돌며 메아리 하는데 지친 에코는 갑자기 뛰쳐나가 그를 와락 껴안아버렸고 깜짝 놀란 나르키소스는 벼락 같이 소리를 지르며 도망치듯 가버렸습니다. 그 뒤 마음을 다친 에코는 사람들 눈에 띄지 않는 산 속 깊은 동굴과 절벽에서 지냈고, 깊은 슬픔에 몸이 여위어 살이 모두 사라지고 그 뼈는 바위로 변해 목소리만 남게 되었다고 합니다.

말을 한다는 것은 자기를 주장하는 것이지요. 인어공주는 사랑 때문에 에코는 두려움 때문에 말하지 못했고, 그렇게 자기를 주장하지 못한 결과 두 사람은 사랑은 물론 자기 자신을 상실하고 공기와 메아리로 흩어졌습니다. 그래서 이 이야기들은 자기를 주장하지 못하는 '착한' 사람들을 위해 쓸 수 있습니다. 자신의 욕망을 외면한 채 타인의 욕망이 제 것인 양 복창하면서 그렇게 해서라도 타자를 곁에 두려 애쓰는 제 목소리를 잃은 착한 사람들.

또 다른 줄기로는 참여자가 억압하거나 왜곡해 온 감정을 충분히 경험하고 표현할 수 있도록 관련된 이야기를 극화하기도 합니다. 오랫동안 부모에게 학대를 당한 참여자가 원망과 분노를 내면화하여 자해 성향을 보인다면, '헨젤과 그레텔'을 극화하면서 자신의 상황과 비슷한 줄거리 안에서 공격적 에너지를 안전한 대상에게 표출하도록 극화할 수 있습니다. 참여자가 헨젤이나 그레텔로서 유사 부모인 마녀를 죽이는데 목표를 두는 것이지요.

이 예들은 '선망하는 자' 혹은 '목소리를 잃은 사람'이라는 역할

그리고 '억압된 분노'라는 감정을 이야기 선택의 기준으로 삼지만 참여자의 주제를 고려할 수도 있습니다. 예를 들어 13살에서 15살 사이의 청소년은 부모에게 전적으로 의존하던 상태에서 벗어나 성공적인 또래 집단을 형성해야 하는 심리사회적 과제를 부여받습니다. 그들을 위해서는 서로 다른 이유로 주인에게 쫓겨난 가축들이 친구가 되어 힘을 합해 도둑을 물리치고 새로운 집에서 함께 살아간다는 줄거리의 '브레맨 음악대'가 적절한 이야기가 될 수 있습니다. 아이에서 청소년으로 성장한다는 주제 안에서 자신을 쫓아낸 주인에 대한 원망과 거리로 나왔을 때의 불안과 공포, 비슷한 아픔을 지닌 대상에 대한 연민, 만만치 않은 적에 맞서는 용기, 여럿이 함께 무언가를 만들어내는 기쁨을 차례로 경험하면서 독립의 과정을 안전하게 연습할 수 있을 것입니다. 요컨대 이야기를 고르는 기준은 참여자의 감정과 역할 혹은 주제를 담아내고 변형하기에 좋은 것이라 할 수 있습니다.

이때 한 가지 주의할 것은 참여자의 상황과 지나치게 비슷한 이야기는 오히려 안전감을 해칠 수 있으므로 피하는 게 좋다는 점입니다. 이를 테면 남들과 다른 외모나 특징 때문에 괴롭힘을 당하는 참여자에게 '미운 오리 새끼'를 적용하거나 신체적 장애가 있는 참여자의 자존감을 높이기 위해 '반쪽이'를 극화한다면 옛 이야기를 통할 때 누릴 수 있는 적절한 거리가 사라질 수 있습니다.

2) 이야기를 그대로 따라갈 것인지 바꿀 것인지 선택한다

이야기를 고른 다음에는 그 줄거리를 그대로 따르며 극화할 것인지, 목표를 위해 변형할 필요가 있는지 혹은 꼭 이야기를 처음부터 끝까지 써야 하는 것은 아니므로 특정한 인물이나 장면에 집중할 것인지 등을 판단하는 것이 중요합니다.

이야기의 변형은 크게 줄거리를 자체를 바꾸는 것과 극화를 변주하는 것으로 나눌 수 있습니다.

(1) 특정한 단서를 주고 이야기를 새롭게 만든다

제가 상담 장면에서 자주 쓰는 이야기 중에 '신데렐라'가 있습니다. 신데렐라의 줄거리는 계모와 새 언니들의 괴롭힘에 고통받던 신데렐라가 무도회에서 왕자를 만나 사랑에 빠지고 그가 신데렐라를 재투성이의 고난에서 구원해준다는 것입니다. 그래서 스스로 일어서기보다 백마 탄 왕자의 힘에 의존하여 전격적인 삶의 변화를 추구하는 의존적인 심리를 신데렐라 콤플렉스라고 하지요.

이야기 속 신데렐라는 엄마도 일찍 돌아가시고 아빠도 무슨 이유에선지 존재가 희미한 심리적 고아(orphan)입니다. 그리고 새 엄마와 언니들에게 괴롭힘을 당하며 궂은 일을 도맡아하는 억울한 피해자(victim)입니다. 고아와 피해자는 우리 안에 있는 상처 입은 아이를 잘 나타내주는 역할이지요. 그런 신데렐라가 힘든 시간을 견디다가 왕자를 만나면서 삶이 역전됩니다. 생존자(survivor)이자 부모에게서 떠나 일가를 이룬 어른(adult)으로 탈바꿈하는 것입니다. 그런데 그 과정에서 정작 신데렐라는 왕자를 기다릴 뿐 아무것도 하지 않습니다. 숨어 있는 신데렐라를 찾아내 신부로 세우고 자신의 집으로 데려가는 것은 모두 왕자에게 맡겨져 있으며, 그런 점에서 이야기 속 왕자는 조력자(helper)라기보다 구원자(savior)에 가깝습니다.

이 줄거리를 그대로 따른다면 신데렐라의 성장은 독립을 경유하지 않은 채 자식으로 살았던 곳에서 아내로 살아갈 곳으로 단지 집을 옮기는 것에 지나지 않을 수 있습니다. 그래서 저는 아이에서 어른으로의 성장을 위해 신데렐라 이야기를 쓸 때는 집에서 나오되 왕자를 만나지 않고 스스로의 힘으로 살아남는 줄거리로 이야기를 새로 쓰도록 합니다. 구원자가 제공하는 안락한 집으로 순간이동하지 않고 길 위에 머물면서 그 위험을 직면하도록 안내하는 것입니다.

이런 식으로 해당 이야기를 쓰는 목적에 따라 특정한 단서나 방향을 제시하고 그에 준해 참여자가 줄거리를 바꾸도록 할 수 있습니다.

(2) 줄거리 바깥의 이야기를 상상한다

참여자가 더 관심을 갖거나 더 깊이 이해해야 할 인물이 있을 경우에 이야기의 바깥에서 해당 인물의 전사(前史)를 상상할 수 있습니다. '그 인물은 어떻게 그렇게 되었을까'를 묻고 그에 답하도록 하는 것입니다.

임상에서 그 같은 상상의 가장 빈번한 대상이 되는 것은 주인공(protagonist)과 주인공을 괴롭히는 인물(antagonist)입니다. 샤를 페로의 동화 '푸른 수염' 아시죠? 이야기에서 푸른 수염은 부유하지만 추한 외모를 지녔고 수차례 결혼을 반복하면서 그때마다 금기를 어겼다는 구실로 새로 얻은 아내를 죽이는 연쇄살인범으로 등장합니다. 그가 그렇게 잔학한 가해자(perpetrator)가 된 데는 분명 범상치 않은 사연이 있을 것입니다. 그래서 이런 질문을 던져 볼 법 합니다. 푸른 수염의 어린 시절은 어땠을까? 푸른 수염의 부모는 어떤 사람이었을까? 동화는 가해자로 변모한 이후의 푸른 수염만을 보여주지만, '그가 어떻게 그렇게 되었을까'에 답하는 푸른 수염의 전사에는 남과 다르고 눈에 띄게 못난 아이가 겪어야 했을 고통이 담길 것이며, 그것을 통해 참여자의 상처 입은 아이를 조명할 수 있습니다.

또 다른 예로 '헨젤과 그레텔'에 나오는 마녀를 들 수 있습니다. 과자로 만든 집으로 어린 아이들을 꾀어 들여 잡아먹는 마녀는 가해자이자 제 자식을 숲에 내다버린 무정한 부모의 대리인으로서 이야기 속에서 헨젤과 그레텔에게 죽임을 당합니다. 부모에 대한 원망에 사로잡힌 참여자가 있다면 이야기의 줄거리를 따라 부모에게 버림받는 장면, 숲에서 헤매는 장면, 과자 집에 갇혀 있는 장면, 마녀를 죽이는 장면, 집으로 돌아가거나 새로운 집을 찾아나서는 장면을 극화한 다음 '마녀는 어떻게 그렇게 되었을까'라는 물음으로 마녀의 전사를 상상하여 살아볼 수 있습니다. 극적 현실에서 복수(마녀를 죽임)와 독립(살아남아 집을 되찾음)을 모두 경험한 후이기에, 앞서 푸른 수염의 경우와 비슷하게 참여자는 마녀의 전사를 쓰는 과정에서 그녀가 가해자가 된(혹은 될 수밖에 없었던) 사정을 이해함으로써 전보다 불쌍히 여기게 될 것입니다. 그리고 그것이 부모에 대한 참여자의 오랜 원망을 녹이는 중요한 계기로 작용할 수 있습니다.

흔히 다른 사람을 이해하고 공감하려면 그의 이야기를 귀 기울여 잘 들으라고 합니다. 이야기를 통한 연극치료에서는 인물의 전사를 상상하는 것이 그 인물에 대한 최대한의 경청이라 할 수 있습니다. 그래서 참여자가 가장 만나고 싶어 하거나 만나야 하는 인물이 있을 때는 줄거리 바깥의 역사를 통해 인물의 정면뿐 아니라 그가 거쳐 온 시간의 이면을 구체적으로 느낄 수 있도록 돕는 것이 좋습니다.

(3) 돕는 어른으로서 이야기를 새롭게 경험 한다

이야기는 저마다 독특한 인물과 사건으로 전개되지만 "모든 이야기는 신화가 그 시대의 특성에 맞게 내려앉기 된 결과"라는 노스럽 프라이(Northrop Frye)의 말처럼 신화 그 중에서도 영웅의 여정에서 문학적 서사의 원형을 찾을 수 있습니다. 출발에서 입문을 거쳐 회귀로 이어지는 영웅 여정의 원질 신화는 고통과 시련을 통해 인간으로서 살아갈 힘을 획득하는 재생의 삶을 우리에게 가르쳐줍니다. 연극치료에서 이야기를 쓴다는 것의 의미 중 하나는 옛 이야기에 내장된 그 변형의 공공연한 비밀을 찾아내는 데 있습니다.

실제로 연극치료의 대표적 진단평가 도구 중 하나인 여섯조각이야기는 '우리 모두가 자신의 삶에서 영웅/주인공이고 영웅/주인공이어야 한다'는 것을 전제로 영웅 신화를 모방한 스토리텔링의 구조를 제시합니다. 주인공, 과제, 방해자, 조력자, 경과, 결말의 여섯 가지 질문은 참여자의 자기 서사뿐 아니라 어떤 이야기든 내용과 형식에 상관없이 그 흐름을 간명하게 집약합니다. 참여자가 이야기에 자기 자신을 고스란히 투사한다면 이야기에 비친 자신을 정확히 본 뒤에는 이야기를 그에게 필요한 방향으로 변형하면서 건강함에 접근해야 할 것입니다. 그것을 위해서는 건강함이 이야기 속에서 어떻게 나타나는지를 정확히 알 필요가 있습니다. 심리치료가 목표하는 변형은 무작위의 변화가 아니라 건강이라는 분명한 지향을 가지니까요.

그런 맥락에서 여섯조각이야기의 구조에 따라 건강함이 이야기로 어떻게 나타나는지를 살피면 이렇습니다. 먼저 주인공은 구체적이고 능동적이어야 하고, 과제는 주인공이 할 만한 것이되 적절한 도전거리가 포함된 모험일 필요가 있으며, 과제수행의 과정은 주인공이 조력자와 함께 방해자를 넘어서서 과제를 성공적으로 수행할 것, 그렇게 함으로써 처음과 다른 확장된 결말을 내올 것, 그리고 이야기의 전개의 개연성이 충분할 것. 이것은 연극치료에서 이야기를 활용할 때 그 형태를 막론하고 - 참여자의 경험적 서사든 참여자가 상상한 허구적 서사든 기존의 문학적 서사든 — 어떤 방향성을 가지고 안내해야 하는지를 알려주는 개입의 중요한 지표입니다.

그런데 이 중에서도 특히 힘써야 할 것은 적절한 조력자를 찾아내 강화하는 일입니다. 주인공은 일반적으로 참여자의 상처 입은 아이를 투사합니다. 그래서 참여자의 변형을 돕기 위해서는 그 아이가 있음을 알아차려 고통을 함께 느끼고 돌봐주는 조력자, 곧 돕는 어른의 역할이 중요합니다. 더구나 참여자의 역할 체계에서 주인공/상처 입은 아이와 방해자는 익숙하고 지배적인 데 반해 조력자는 아예 없거나 매우 약한 상태인 경우가 일반적임을 고려하면 적절하고 강력한 조력자 역할에 작업의 성패가 달렸다 해도 지나치지 않을 것입니다.

좀 더 구체적으로 말해볼까요? 종종 참여자의 상태가 취약해서 이야기의 정서를 감당하기가 어려울 때가 있습니다. 그럴 경우는 이야기 안이나 밖에서 조력자가 될 만한 인물을 찾아 그 인물의 시점에서 스토리텔링을 한 뒤에 본격적인 극화로 들어갈 수 있습니다. 조력자의 관점으로 이야기를 경험하면서 안전감을 확보하고 이야기의 위험 속으로 뛰어들 준비를 하는 것이지요.

때로는 주인공이 이야기 속에서 조력자를 만나지 못해 점점 더 고난의 수렁으로 빠져들기도 합니다. 그런 경우에는 진행을 멈추고 주인공이 처한 상황에서 어떤 도움이 필요하고 그것을 제공할 만한 어떤 인물이 가능한지를 찾아 의도적으로 조력자를 이야기에 등장시킬 필요가 있습니다.

두려움이나 무력감으로 이야기가 원활하게 진행되지 않을 때도 조력자가 긴요합니다. 가령 과제를 수행하는 데 그치지 않고 좀 더 과감한 시도가 요구되는 장면에서 주인공이 이 정도로도 충분하다거나 잘 모르겠다며 이야기를 발전시키지 못한다면, 주인공의 안위와 필요와 성장에 가장 관심을 기울이는 인물을 소환하여 그의 관점에서 이야기의 확장된 결말을 이끌어내도록 할 수 있습니다.

주인공으로서 이야기를 성공적으로 극화한 후에는 같은 이야기를 조력자로서 다시 한 번 살 수 있습니다. 주인공을 지켜보면서 필요한 장면에서 자신의 상처 입은 아이에게 필요한 안내와 돌봄을 제공함으로써 새로 익힌 조력자 역할을 다지도록 하는 것입니다.

이렇게 특히 조력자, 곧 돕는 어른에 집중하는 까닭은 그것이 상처 입은 아이와 균형을 이루어야 할 역할이자 참여자의 치료적 자원을 함축하는 변형의 결정적인 열쇠이기 때문입니다.

(4) 같은 이야기를 여러 역할로 경험 한다

이야기의 등장인물은 크게 주인공과 방해자와 조력자로 나눌 수 있습니다. 이들은 참여자의 역할 체계를 구성하는 내면의 주요 역할이면서 동시에 외적으로는 참여자가 일상 현실에서 관계하는 중요한 대상을 투사합니다. 그래서 같은 이야기를 주인공뿐 아니라 다른 역할로 경험하는 것은 안으로는 참여자가 자신의 내적 역동을 입체적으로 조망할 수 있게 하고, 밖으로는 대인관계와 거기서 유발되는 갈등을 새롭게 이해하고 반응할 수 있도록 촉진합니다.

심리학에서는 그렇게 자신과 다른 사람의 마음 상태를 생각할 수 있는 능력을 마음 이론(theory of mind)이라 부릅니다. 조어가 좀 어색하게 느껴지지만 마음 이론이라고 하는 이유는 다른 사람의 마음에 대한 이해가 사실이 아니라 추정과 가설에 근거하기 때문입니다. 우리가 추정과 가설 곧 상상을 통해 발견하는 마음의 지형은 크게 다섯 가지로 얘기할 수 있습니다. 첫째, 뭔가를 원하는 이유는 사람마다 다르다. 둘째, 같은 상황을 두고도 서로 다른 믿음을 지닌다. 셋째, 모두가 사실을 이해하는 것은 아니다. 넷째, 사람들이 잘못된 생각을 할 수도 있다. 다섯째, 누구에게나 숨겨진 감정이 있고 그와 다른 방식으로 행동할 수 있다. 그러니까 마음 이론을 갖게 된다는 것은 다른 사람의 생각과 감정이 나와 같지 않고 모르거나 틀릴 수 있으며 액면 그대로가 아닐 수 있다는 것, 즉 마음의 다양성과 모호성과 복잡성을 이해하고 수용하게 되는 과정입니다. 그런 맥락에서 같은 이야기를 여러 역할로 경험하는 변형의 방식은 이 마음 이론을 가장 적극적이고 효율적으로 활성화합니다.

내면의 역할이든 외부의 실제 인물이든 관찰의 행위는 그 대상을 타자화합니다. 타자화는 자신(이라 믿는 것)으로부터 떼어놓는 것, 곧 거리를 두는 것이지요. 거꾸로 스스로 그것이 되었다고 믿고 그것으로서 사는 것은 대상을 행위자에게로 끌어옵니다. 대상에게 가까이 다가가 자기화하는 것입니다. 자신이 누구임을 잊지 않은 상태에서 다른 대상을 연기하는 것은 대상에 대한 타자화와 자기화를 동시에 작동시키고 그럼으로써 그에 대해 비판적으로 생각하면서 동시에 그것과 하나가 되어 느낄 수 있는 기회를 만듭니다.

(5) 이야기가 구체적이고 개연성 있게 전개되도록 한다

이것은 이야기를 변형하는 방식이면서 이야기를 변형할 때 주의해야 할 점이기도 합니다. 이야기를 바꾸거나 극화할 때 참여자는 무의식중에 방어기제를 작동시켜 다양한 방식으로 문제를 회피하면서 허술하고 빈약한 이야기를 만들기도 합니다. 그것은 가령 주인공이 장애물을 전혀 만나지 않고 과제 수행에 성공한다거나 아무런 대가도 따르지 않는 손쉬운 복수를 꿈꾼다든가 주인공을 서둘러 죽임으로써 문제에 직면하기를 거부한다거나 인물을 생생하게 느끼지 않고 시늉에 그치는 연기를 하는 등으로 나타날 수 있습니다. 누구에게나 고통은 피하고 싶은 것이고 자기 자신을 정확히 보기는 누구라도 어려우며 우리가 아는 것보다 생각하는 것은 상당히 품이 많이 드는 일이기 때문입니다.

그래서 이야기가 거칠게 비약하거나 조리 없이 전개된다고 느껴지면 잠시 멈추어 어떻게 하면 좀 더 구체적이고 개연성 있는 이야기가 될지에 대해 참여자와 의견을 나눈 후 다시 극화나 이야기의 변형을 진행하는 것이 필요합니다. 이야기의 구체성과 개연성은 참여자가 자기 자신과 현실을 정확하게 인식하고 있다는 것 그리고 그에 근거해 변형의 과정을 잘 겪고 있음을 말해줍니다. 바로 그 같은 맥락에서 이야기를 바꿀 때 앞뒤의 사건이 분명하고 긴밀한 인과 관계로 전개되도록 하는 것은 그 자체로 변형의 중요한 방식이 될 수 있습니다.

활용의 사례

PART

III

바리데기

해와 달이 된 오누이

신데렐라

행복한 왕자

복숭아 동자

오이디푸스

브레맨 음악대

보이지 않는 아이

바리데기

먼 옛날 불라국의 오구 대왕은 딸만 여섯이었습니다. 일곱째는 꼭 아들이기를 바랐지만 또 딸을 낳자 바리데기를 바다에 버렸습니다. 그런데 바리공덕 할아버지와 할머니가 바리데기를 발견해 사랑으로 키워주었습니다.

오랜 세월이 흘러 오구 대왕은 병에 걸렸습니다. 서천서역국의 생명수를 마시면 나을 수 있었지만 아무도 약을 구하러 가지 않았습니다. 그곳은 엄청나게 먼 데다 무서운 무장승이 지키고 있어서 신하들도, 여섯 딸도 선뜻 목숨을 걸고 떠날 수가 없었습니다.

오구 대왕은 마지막으로 일곱째 딸 바리데기를 찾아 서천서역국으로 가주기를 부탁했습니다. 바리데기는 아버지의 목숨을 살리기 위해 기꺼이 머나먼 여정에 올랐습니다.

높은 산을 넘고 강을 건너 간신히 서천서역국에 도착했지만 그곳을 다스리는 무장승은 생명수를 내주는 대가로 물 긷기와 나무하기와 불 때기를 3년씩 시켰습니다. 바리데기는 9년 동안 그 곳에서 지내면서 무장승과 혼인하여 일곱 아들을 낳아 길렀습니다.

약속을 지킨 바리데기는 드디어 생명수를 얻어 불라국으로 돌아왔습니다. 안타깝게도 오구 대왕은 이미 죽은 뒤였지만 바리데기가 입속에 생명수를 흘려 넣자 눈을 번쩍 뜨며 살아났습니다. 오구 대왕은 고마운 마음에 무엇이든 다 들어주겠다며 소원을 물었고 바리데기는 부귀영화를 마다한 채 이승과 저승 사이에서 죽은 이의 영혼을 인도하는 무당이 되었습니다.

바리데기 신화는 '상처 입은 치유자(the wounded healer)'의 본태이자 치유의 원형을 담은 이야기입니다.

신화에서 바리데기는 오구대왕의 일곱 번째 딸로 태어납니다. 자신을 닮은 건장한 사내아이에게 왕위를 물려주고 싶었을 아비에게 연이어 여섯 명의 딸을 받아 기르는 것은 분명 쉽지 않은 일이었을 것입니다. 기대와 좌절을 수차례 반복했을 테고 일곱 번째에는 이미 바닥난 희망을 긁어모아 마지막 원을 세웠을 것입니다. 그런데 그 마지막 기도마저 산산조각이 났습니다.

온 세상이 환대하여 탄생을 축복하고 사랑으로 보살펴 마땅한 새 생명에게 일곱 번째 딸의 자리는 그래서 재앙이나 다름없습니다. 바리데기가 한 일이 있다면 그저 생명으로 맺혀 태어난 것뿐인데 세상에 나오자마자 온갖 오욕을 뒤집어쓰고 부모에게 버려져 시커멓게 울렁대는 바다를 떠도는 신세가 되었습니다. 그렇게 얼마를 버텼을까요. 다행히 파도가 삼키기 전에 아이 없는 늙은 부부가 바리데기를 발견했습니다. 늙은 부부는 선물로 주어진 아기를 감사히 받아 사랑으로 길렀습니다. 누구의 아인지 딸인지 아들인지 온전한지 병들었는지가 그들에게는 중요하지 않았습니다. 바리데기는 그들 곁에서 환하게 꽃을 피웠습니다.

그런데 고통은 한 번으로 끝나지 않고 그녀를 다시 찾았습니다. 지금껏 길러주신 분들이 부모가 아니라는 것도 청천벽력인데 버린 아비가 병이 들었고 얼굴도 모르는 그를 살리려면 저승으로 떠나야 하는 기막힌 상황이 벌어진 것입니다. 하염없이 바다를 바라보고 섰던 바리데기가 몸을 돌렸습니다. 집 쪽으로 큰 절을 올린 후 곧바로 저승을 향해 길을 떠났습니다.

그리고 멈추면 맘이 약해질까 한 번도 쉬지 않고 저승에 도착했습니다. 하지만 저승에 왔다고 기다렸다는 듯 생명수가 손에 쥐어지지는 않았습니다. 죽음을 쫓는 힘을 갖기 위해서는 그에 맞먹는 살림의 노동을 해야 했습니다. 바리데기는 나무를 하면서 3년, 불을 때면서 3년, 물 긷기를 3년 하면서 저승을 다스리는 무장승의 아내가 되어 그의 아들을 일곱이나 낳아 길렀습니다. 이제 어린 자식이 아니라 어엿한 어른이자 큰 부모가 된 것입니다.

죽음을 완성한 그녀는 생명수를 가지고 이승으로 돌아왔습니다. 아버지는 딸을 기다리지 못하고 숨을 거두었지만 바리데기의 생명수는 그를 삶으로 되돌려 놓았습니다. 그리고 바리데기는 이승과 저승의 경계에서 길 잃은 영혼을 인도하는 안내자가 되기를 서원했습니다.

신화에서 바리데기는 두 번 상처 입습니다. 그리고 그 상처는 매번 그녀를 죽음으로 지경으로 내몹니다. 그러나 한 번은 새로운 부모를 만나 그의 딸로 다시 태어나고, 또 한 번은 죽음 자체를 받아들임으로써 자기 자신과 다른 이의 고통을 멈추는 치유자로 거듭납니다. 이렇듯 바리데기로 나타난 '상처 입은 치유자'의 원형은 '자기 상처를 치유한 자'로 다시 읽을 수 있으며 그 변형의 과정은 고통과 죽음과 재생으로 나누어 볼 수 있습니다. 다시 말해 '상처 입은 치유자' 원형은 상처를 입었으나 그에 매이지 않고 오히려 그것을 도약대로 삼아 다른 이의 상처를 돌보는 자리로 옮겨가는 과정을 집약합니다. 고통과 죽음과 재생으로 이어지는 그것은 인류가 오랫동안 변화를 담아내는 그릇으로 사용해온 통과의례의 구조와 그대로 일치합니다.

고통에서 죽음을 거쳐 재생으로

고통

- 일곱 번째 딸로 태어나다
- 병든 아버지를 위해 저승으로 떠나다

죽음

- 부모에게 버려지다
- 저승에서 9년을 살다

재생

- 바리공덕 할아버지와 할머니에게 사랑받다
- 죽은 아버지를 살리다
- 저승의 안내자로 거듭나다

02 이야기 쓰기

앞서 보았듯 바리데기 신화는 변형의 여정을 그대로 담아내며 따라서 임상에서 적용할 때 이야기를 바꾸기보다 줄거리의 흐름을 따르는 것이 적절할 수 있습니다.

1) 바리데기는 어떻게 버림받는가?

오구대왕과 왕비가 일곱 명의 딸을 낳아 기르는 과정을 극화하면서 버림받는 바리데기와 버리는 부모의 상처를 모두 경험할 수 있습니다. 그리고 그 장면을 바탕으로 바리데기의 상처를 오브제로 만들 수 있습니다.

2) 바리데기는 어떻게 사랑받는가?

바리공덕 할아버지와 할머니가 없었다면 바리데기는 죽음을 면치 못했을 것입니다. 이야기에서 늙은 부부는 바리데기의 대리 부모이자 돕는 어른이며 치유자이기도 합니다. 그들이 바리데기를 어떻게 보살폈을지 극화하면서 참여자는 자신에게 필요한 사랑을 구체화할 수 있습니다.

늙은 부부의 따뜻한 보살핌을 충분히 경험한 다음에는 돕는 어른/치유자의 이미지와 동작과 대사를 찾아 의식(ritual)으로 확장할 수도 있습니다.

3) 바리데기는 어떻게 떠나기로 선택하는가?

바리데기가 있는 곳을 오구대왕이 어떻게 알았는지, 누구를 보내 소식을 전했는지, 바리데기는 아버지의 부탁에 어떻게 반응했는지, 무엇이 저승으로 떠나겠다는 결심을 도왔는지, 바리공덕 할아버지와 할머니는 바리데기의 선택에 어떤 영향을 미쳤을지 등을 질문하면서 극화할 수 있습니다.

4) 저승으로 떠나다

죽음은 삶의 상실입니다. 살면서 만나고 누린 모든 것과 헤어져 벌거숭이로 돌아가는 것입니다. 죽음에 동행할 수 있는 것은 아무것도 없습니다. 아무도 알지 못하는 곳을 향한 혼자만의 여정입니다. 그 여정을 바리데기로서 겪을 수도 있고 참여자 자신으로서 죽을 수도 있습니다.

5) 저승에서 살다

나무를 하고 물을 긷고 불을 때는 것은 날마다 되풀이해야 하는 일입니다. 아무리 잘하고 오래 해도 생색이 나지 않지만 이틀만 거르면 금세 불편한 쪽으로 티가 나는 참 값 없는 노동입니다. 하지만 그 보잘 것 없는 노동은 여러 사람을 살리는 기술이기도 합니다. 아이를 낳아 기르는 것은 살림을 넘어 제 몸과 마음을 바치는 일입니다. 아이는 어미를 먹고 자라니까요. 바리데기는 그렇게 9년을 꼬박 살림하며 일곱 아이를 낳아 길렀습니다. 그 지루하고도 경이로운 시간을 극화하는 것은 매우 중요합니다. 나비가 되기 위한 번데기 시절이라고도 할 수 있을 것입니다.

6) 아버지를 살리다

스스로 부모가 된 바리데기는 저승에서 가져온 생명수로 죽은 아버지를 살립니다. 아버지를 용서하여 아버지로 세운 것입니다. 아버지의 욕망과 그로 인한 상처를 이해하면 그를 용서할 수 있습니다. 아버지의 죄는 다시 나의 욕망과 그로 인한 상처의 다른 말이니까요. 그것을 깨달은 치유자로서 죽은 아버지를 되살리는 의식을 치를 수 있습니다.

03 활용 사례

H는 50대 중반의 여성이다. H는 결혼해 두 아들을 두었고 일을

한다. 그런데 아무리 애를 써도 가슴 한 구석이 텅 빈 채 메워지지 않는 공허감으로 힘들다. 눈에 드는 옷을 마구 사들이고 지식을 채워 넣고 아름다운 곳을 돌아다니고 힘들게 운동을 하면서도 자신이 누구인지 알 수 없는 느낌에 쫓긴다. 숨이 턱 끝까지 찬데도 멈추지 못하고 내달린다. 누군가 자신을 막아서면 폭발적으로 화가 나고 슬픔은 막혀 있다. H는 자신이 왜 미친 듯이 밖으로 돌면서 돈을 썼는지 알고 싶고 사람들을 대하는 게 힘들고 불편해서 상담을 받게 되었다고 말한다.

H의 아버지는 그녀가 태어나기 전부터 도박 빚 때문에 오랫동안 가출상태였다. 3남3녀 중 막내인 그녀가 태중에 있을 때 다른 지역에 정착해 혼외자와 살면서 그녀와 같은 나이의 딸을 낳았다. H의 어머니는 그 소식을 듣고 여러 번 아이를 떼려고 했지만 실패했다. 아버지는 H가 스무 살이 될 때까지 타지에서 다른 가족과 살면서 일 년에 두 번 제사 때만 집에 왔다. 그때마다 어머니에게 큰돈을 주었고 실신할 때까지 술을 마시며 식구들을 괴롭혔다. H만 유일하게 아버지에게 야단을 맞지 않았다. 아버지가 술에 취하지 않았을 때는 같이 산에 올라간 적도 있지만 H는 늘 아버지가 무서웠다.

초등학교 때부터 아버지가 없다는 것이 의식되기 시작했고 남들이 그 사실을 아는 게 싫어서 친한 친구에게도 말하지 않았다. 한 번은 '아빠 없고 성질 더러운 애'라고 험담하는 동네 친구를 따로 불러내 심하게 발길질을 한 적이 있다. 누가 혼자 사는 여자라고 어머니를 조금이라도 무시하는 기미를 보이면 H가 나서서 죽일 듯이 싸웠다. 아버지는 H가 대학생이 되어 외지로 나가면서 집으로 돌아왔다.

그녀는 자신이 어떤 껍질에 둘러싸여 있고 그 때문에 답답하고 동떨어진 느낌이 든다며 그것을 벗어내고 자기 자신과 다른 사람들에게 좀 더 부드럽고 편안해지기를 원한다.

H의 공허와 분노는 '아버지에게 버림받은 자식'이라는 믿음과 그로 인한 수치심에 뿌리를 두고 있었습니다. 그래서 바리데기 신화를 따라가면서 그녀가 미처 알아차리지 못한 수치심과 아버지에 대한 원망을 깊이 느끼고 자식을 버린 아버지의 상처를 만나 화해할 수 있도록 안내했습니다. 이 상담에는 저와 참여자 그리고 김정희 연극치료사가 도움치료사로 함께 했습니다.

23회기

스토리텔링

바리데기 이야기를 들려주었다.* H는 처음 듣는 이야기라며 흥미로워한다. 원하는 것은 무엇이든 주겠다는 아버지에게 저승의 안내자가 되기를 청한 대목이 가장 인상적이고, 부모가 무슨 염치로 바리데기를 다시 찾아올 수 있는지 알 수 없다며 어이없어 한다.

바리데기가 태어나 버려지기까지

H는 오구대왕의 아내가 되어 첫딸의 임신부터 바리데기를 낳고 버리는 장면까지 극화하였다. 기도를 올리고 주술을 펼치고 영약을 먹어도 아들을 낳지 못하자 오구 대왕은 일곱 번째 아기를 가졌을 때 왕비를 출산이 임박하도록 동굴에서 나오지 못하게 한다. 왕비는 바

---

* 상담 장면에서 스토리텔링을 할 때는 이야기책을 처음부터 끝까지 읽지 않아도 좋습니다. 회기를 진행하기 전에 다시 한 번 읽으면서 이야기에서 빠뜨리지 않고 전달해야 할 것이 무엇인지 확인한 후 대강의 줄거리를 전달하는 정도면 충분합니다. 오히려 그렇게 할 때 상상을 통해 이야기를 참여자의 것으로 만들기가 쉽습니다. 그리고 비슷한 맥락에서 스토리텔링을 동화 구연 하듯이 할 필요도 없습니다. 스토리텔링의 목적은 이야기를 전달하는데 있으므로 과장된 표현으로 참여자가 느껴야 할 감정을 제한하기보다 할머니의 자장가처럼 밋밋하게 하는 것이 더 낫습니다.

리데기를 어쩔 수 없이 버리면서 눈물을 흘린다. 극화가 약 25분 동안 지속*되었다.

돌아보기

극적 현실에서 역할로 경험한 것 중에 자신에게 남기고 싶은 것과 버리고 싶은 것을 꼽도록 했다. H는 왕비로서 여섯 딸을 차별하지 않고 각자의 모습대로 사랑한 것을 남기고 싶고, 그렇게 아들이 보고 싶으면 다른 여인을 얻으라는 말로 남편의 아픔을 헤아리지 못한 것을 버리고 싶다고 한다. 바리데기를 낳고 떠나보내면서 그 아이가 자신처럼 느껴졌다며 울먹인다. 어머니는 바리데기를 버린 것이 아니라 지켜보다가 때가 되면 찾아올 생각이었다고 한다. 그래서 바리데기에게 그 마음을 전하도록 했다.

24회기

치유자의 말

부부가 바리데기를 사랑으로 길렀다면 그 힘이 어디에서 왔을지 물었다. H는 아이가 왜 왔는지 알 수 없고 잘 키울 수 있을지 두렵기도 했지만 그럼에도 어떤 뜻이 있어 보내셨을 것이라 믿고 자신을 도구로 내맡길 수 있었을 것이라 말한다. 그래서 부부가 바리데기를 키우면서 어떤 말을 가장 많이 했을지 찾게 했다. "사랑한다. 우리에게 와주어서 고맙다. 너는 참 소중하단다."

---

* H의 연극적 특성 중 중요한 한 가지는 자기 자신이 아닌 역할을 연기하지 못하는 것이었습니다. 그래서 과정 초반에는 주로 그녀의 실제 경험을 다루었고 중반으로 넘어가면서 조금씩 상상의 이야기로 들어가는 연습을 했습니다. 그리고 그 반복의 결과로 후반에는 극적 현실에서 이탈하지 않고 25분 동안 장면에 머물 수 있었습니다.

치유자의 움직임

부부의 사랑을 세 가지의 반복적인 동작으로 표현해보도록 했다. H는 잠시 가만히 생각하더니 느리게 움직이기 시작한다. 엎드려 절하는 자세를 취한다. 양 팔을 앞으로 뻗어 손바닥이 위로 올라오게 한 다음 일어나 앉으면서 손에 있는 천을 가슴으로 가져오고, 천천히 일어나 양 손을 가슴에 모둔 채 동그랗게 걷는다. 그 동작을 몇 차례 반복하면서 눈물이 흐른다. 움직이면서 바리데기의 아픔에 대한 연민이 몸으로 느껴졌다고 한다.

치유자의 가면

앞서 찾은 치유자의 말과 움직임의 느낌을 가면에 담도록 했다. 어떤 재료를 원하는지 묻자 망설이지 않고 파스텔을 달라고 한다. 그 동안은 투사 활동을 할 때마다 어려워하며 뭘 어떻게 해야 하는지 재차 물었는데 아무 질문 없이 바로 작업에 들어간다.

치유자의 가면

바리공덕 할아버지와 할머니를 만나다

H는 바리공덕 할머니의 역할을 맡는다. 할머니는 아기가 담긴 바구니를 먼저 발견하고 물에 뛰어들어 건진다. 아기를 집으로 데려가 씻기고 먹이고 재운 다음 아이를 보내주셔서 감사하고 주신 뜻대로 잘 키우겠노라고 신에게 기도를 올린다. H는 이 장면의 진행을 줄곧 주도한다. 바리데기에게 앞서 찾은 부부의 말 곧 "사랑한다. 우리에게 와주어서 고맙다. 너는 참 소중하단다"를 해주는 것으로 장면을 마무리한다.

돌아보기

장면을 마친 후 H는 이제는 머리와 가슴이 따로 있지 않고 통으로 함께 움직이는 느낌이 든다며 기뻐한다.

25회기

바리데기의 상처

바리공덕 할아버지와 할머니의 사랑에도 불구하고 바리데기에게 상처가 없을 수 없음을 확인했다. H는 어머니가 사람을 시켜 멀리서 바리데기의 성장 과정을 지켜보았지만 바리공덕 할아버지와 할머니에게 바리데기가 누구인지 알리지는 않았을 것이라고 한다. 바리공덕 부부는 바리데기가 10살이 되었을 때 비로소 바리데기를 어떻게 만났게 되었는지 이야기해주었는데 바리데기는 그 사실을 알기 전부터 정체 모를 외로움에 힘들어 했고 그럴 때면 그냥 집에 혼자 있곤 했다고 한다.

어머니의 태중에서 그리고 출생 직후 버려지기까지 바리데기의 감각적 경험 중에서 가장 마음 아픈 것이 무엇이겠느냐고 질문했다. H는 "넌 태어나지 말았어야 했어"라는 말로 답한다. 또 바리데기가 자라면서 언제 가장 서러웠겠느냐고 묻자 낳아준 부모에게 버림받은 사실을 알게 되었을 때라고 한다. '나를 반겨주는 사람이 아무도 없구나'라는 느낌이 들었을 거라 덧붙인다.

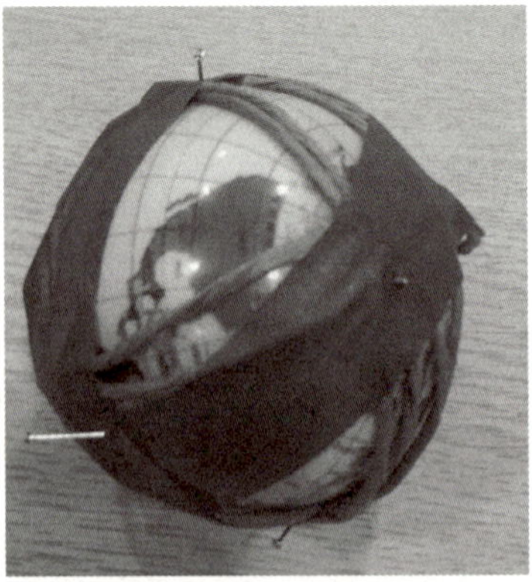

바리데기의 상처

상처 만들기

여러 가지 재료를 준비한 다음 바리데기의 상처를 눈에 보이는 형태로 만들어보자고 했다. 지난 회기에 만든 바리공덕 할아버지와 할머니/치유자의 가면을 잘 보이는 곳에 놓고 작업을 시작한다.

H는 한참 끈을 매만지며 그 위에 핀을 꽂고 싶어 한다. 그러다가 주먹만한 공을 집어 그것을 초록색 끈으로 몇 번 둘러 감고 다시 붉은 종이테이프로 덧감은 다음 긴 핀을 꽂는다. 핀을 하나씩 꽂으면서 눈물을 뚝뚝 흘리기 시작해 호흡이 깊어지면서 격한 울음을 운다. H의 어깨를 쓸어주면서 치유자가 지켜보고 있음을 상기시켰다. 잠시 후 울음이 가라앉자 H는 상처의 이미지를 완성한다.

상처 입은 바리데기의 독백

이제 상처 입은 바리데기의 말을 찾을 차례다. 상처의 이미지를 손에 들고 H를 무대 가운데 세웠다. 몸이 이끄는 대로 따르면서 안에서 어떤 상처의 말이 나오는지 보자고 했다. H는 천천히 무대 주변을 돌기 시작한다. 이내 말을 한다. “너무 힘들어. 누구에게 말을 할 수도 없어. 너무 슬퍼. 저 산이 없어질 때까지 소리 지르고 싶어.” 멈추어 소리를 질러도 좋다고 말했다. H는 한 손으로 벽을 짚고 고함을 지르지만 실제로는 산을 옮길 만큼 큰 소리가 나오지 않고 애끓는 소리가 끊어졌다 이어지는 정도다. 상처의 이미지를 몸에서 분리하고 호흡을 정리한다.

상처 입은 바리데기를 위한 치유자의 의식

무대 한쪽에 상처의 이미지를 배치했다. H에게 치유자의 가면을 주고 바라보게 함으로써 상처 입은 바리데기에서 치유자로 초점을 옮겼다. H는 잠시 시간을 두고 지난 회기에 찾은 치유자의 움직임을 상기한다. 그리고 상처의 이미지에 다가가 치유자의 움직임을 한 번 하고나서 그것을 오른손에 쥐고 가슴에 붙인 채 일어난다.

그 움직임을 일곱 번 반복하면서 안에서 나오는 말을 덧붙이도록 촉진했다. H는 세 번째 절을 하면서 다시 눈물을 흘린다. 움직임을 반복할 때마다 바리데기의 상처를 대하는 H의 말이 달라진다. 처음에는 연민을 느끼다가 그것을 사랑이라 고쳐 말하고 나중에는 그 사랑을 세상을 위해 쓰겠다고 한다. “너무 힘들었지. 너는 사랑이야. 너로 인해서 사람들의 아픔을 공감할 수 있단다. 너는 세상을 향한 사랑이고 기쁨이며 축복이란다.”

돌아보기

H는 치유자의 의식을 하고 나니 마음이 따뜻해진다고 말한다.

바리데기를 버린 후

극화에 앞서 부모의 삶을 구체적으로 그릴 수 있도록 몇 가지 질문으로 상상을 촉진했다. 왕비는 오구대왕에게 바리데기에 대한 이야기를 했을까요? H는 남편도 바리데기를 버리고 난 후 마음이 편치 않을 거라 여겨서 그 얘기는 꺼내지 않았을 거라 답한다. 오구대왕은 병이 든 후에 왕위를 어떻게 하려고 했을까요? H는 왕이 자신에 대한 증오와 바리데기에 대한 죄책감에 압도되어 정치나 권력에 더 이상 마음을 둘 수 없었고 어떤 것도 의미가 없다고 느꼈을 것이라고 한다.

H는 스스로 오구대왕 역할을 하겠다고 나선다. 바리데기를 버린 후 왕비가 식음을 전폐하고 있다는 말에 아내가 걱정되어 찾아온다. 왕비는 남편을 원망하고 싶었지만 차마 입을 떼지 못한다. 시간이 지나면서 왕비는 기운을 차리지만 오구대왕은 자책에 빠져 오히려 눈에 띄게 쇠약해져간다. 정사에도 관심을 두지 않고 자리보전하고 있는 왕을 염려해 왕비가 약을 지어 올리지만 먹지 않는다. 화가 난 왕비가 바리데기를 입에 올리자 왕은 그 얘기는 꺼내지 말라며 호통을 친다. 오구대왕의 실의가 길어지면서 변방에서 반란이 일어난다. 위기를 느낀 왕비는 얼른 기운을 차려 딸들과 함께 자신을 지켜 달라 다그친다. 하지만 왕은 반란을 일으킨 장수에게 왕위를 물려주려는 듯 생포를 지시하고 후사를 위해 후궁을 들이겠다는 왕비의 말에도 아무런 반응을 보이지 않는다. 왕의 상태가 위중해지자 왕비는 주술사를 부르고 그가 지상의 약으로는 손 쓸 수가 없고 저승에서 불사약을 구해 와야 한다고 알려준다. 왕비가 여섯 공주를 차례로 불러 저승으로 떠날 수 있겠는지 묻지만 모두 거절하고, 왕은 침상에 누워 그들의 대답을 듣고만 있다.

돌아보기

H는 왕으로 살면서 자식을 죽인 죄인으로 그 어떤 것도 누릴 자격이 없다 느껴졌고, 바리데기가 살아 있다는 것을 안다면 한 번만이라도 보고 죽기를 원할 것이라 말한다. 그리고 여섯 딸들이 거절 하는 것을 들으면서 "그래, 이제 너희들 마음을 내가 알았다"고 말해주고 싶었다고 한다. 오구 대왕의 상처의 이미지를 떠올려보라 하니 커다랗고 무거운 돌덩이에 가까울 것 같다고 한다.

27회기

아버지의 상처

H는 어린 시절 어머니에게 식구들을 떠맡겨놓고 혼자 다른 살림을 차렸던 아버지를 이해하지 못했고 깊이 생각해 본 적도 없었는데 지난 회기에 오구 대왕 역할을 하면서 '아버지가 이런 마음이었겠구나. 내가 무의식중에 아버지를 원망 했구나'라고 깨달았다고 한다.

아버지의 상처를 오브제로 만들었다. '커다랗고 무거운 돌덩이'와 유사한 느낌을 낼 수 있도록 1kg의 모래주머니 두 개를 준비했다. H는 모래주머니 두 개를 비닐에 넣고 굵은 마 끈으로 동여 묶는다.

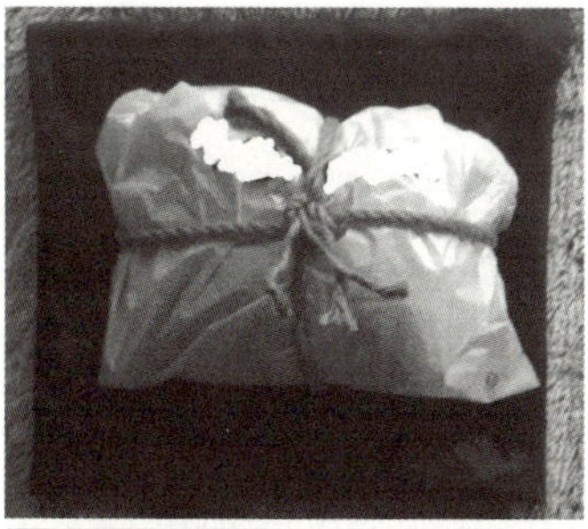

아버지의 상처

저승으로 떠나기를 결심하다

바리공덕 할아버지 할머니와 함께 살기를 포기하고 아버지의 약을 구하기 위해 저승으로 떠나는 것은 바리데기의 삶에서 전기를 이루는 중요한 계기다. 그래서 극화에 앞서 중요한 점을 확인하면서 장면을 구체화했다.

아버지의 소식을 누가 전할까? 왕비가 와서 그간의 사연을 사실대로 전하고 미안하다는 말과 함께 도움을 구할 것이다. 왕비가 찾아왔을 때 바리데기는 몇 살이었을까? 13살쯤. 바리데기는 왜 저승으로 가기를 선택할까? 특별한 이유가 있다기보다 고심하지 않고 본능적으로 택한다. 자기 밖에 갈 사람이 없다면 그것을 숙명이라 받아들이고 약을 구하러 갈 것이다. 저승으로 떠날 때 가장 마음에 걸리는 것이 있다면 무엇일까? 최선을 다해 길러 주었는데 자신을 버린 아버지를 위해 돌아오지 못할 수도 있는 길을 떠나는 것이 바리공덕 할아버지와 할머니에게는 배신처럼 느껴질 수 있을 것이다. 그들에게 잊지 않고 기억하겠노라고 말할 것이다. 할머니와 할아버지는 바리데기의 결정에 어떻게 반응할까? 바리데기를 하늘이 준 선물이라 생각하며 길렀기에 저승으로 떠나는 것이 반갑지는 않지만 딸의 결정을 존중하여 성공하기를 축복할 것이다.

극화

H는 바리데기를 연기했다. 할아버지 할머니와 저녁을 들고 있는 바리데기에게 궁에서 신하가 찾아와 잠시 후 왕비가 바리데기를 찾아올 것이라고 전한다. 왕비는 먼저 부부에게 감사 인사를 한 후 바리데기를 데리고 나와 그제야 찾아온 것을 사과한다. 사건의 전말을 차분히 알려주고는 아버지를 위해 저승에 다녀올 것을 부탁한다. 바리데기는 왜 자신을 찾는지, 아버지는 왜 병이 들었는지, 왜 자신이 저승에 가야 하는지를 묻는다. 왕비는 아버지가 딸을 버린 데 대한 죄

책감으로 병을 얻었으니 네가 해야 한다고 답한다. 바리데기는 시간을 좀 달라고 한 뒤 돌아서서 부부에게 간다. 할머니와 할아버지에게 아버지의 병을 고치기 위해 저승으로 떠날 것이라는 결심을 전하고 그동안 키워준 것에 감사하며 그 사랑에 보답하지 못하는 것을 용서해달라고 말한다.

치유자의 축복 의식

H가 치유자인 바리공덕 할아버지 할머니로서 바리데기의 중요한 결정을 지지할 수 있도록 축복 의식을 치렀다. 부부가 바리데기의 어떤 점을 지지하겠느냐고 질문하자 H는 첫 번째, 아버지를 측은하게 여기는 마음 두 번째, 결과를 계산하지 않고 나서는 용기 셋째, 운명을 거스르지 않고 받아들이는 태도라고 답한다.

H는 먼저 바리데기로서 부부가 전하는 축복의 말을 듣는다. "운명을 있는 그대로 받아들이고 살아가는 것, 가장 소중하고 필요한 것을 선택할 수 있는 용기, 말하지 않아도 알고 행동하는 너에게 신의 은총과 축복이 함께 할 것이다. 너를 보내고 싶지 않지만 선물로 함께 한 세월에 감사한다. 어디를 가나 내가 너를 지키고 함께 할 테니 이끄심대로 살아가거라."

다시 역할을 바꾸어 H가 부부로서 바리데기를 축복한다.

돌아보기

전 날이 생일이있다고 말한다. 전에는 생일을 그저 케이크를 놓고 기념하는 행사 정도로 여겼는데, 어제는 '내가 참 좋은 계절에 태어났구나. 나로 태어나서 참 좋다'는 생각이 들면서 생일이 특별한 의미로 다가왔다고 한다.

28회기

내 삶의 보물

죽음을 잘 겪을 수 있도록 자신의 삶에서 가장 소중한 것을 꼽아 보라 했다. H는 가장 먼저 '나를 향한 하나님의 사랑'을 떠올린다. 그리고 그 뒤로 '소중한 사람들에 대한 나의 사랑', '돈으로는 살 수 없는 자연과의 조우', '내 집', '건강', '일', '공부'의 순서로 보물을 선택한다. 마음에 드는 색깔의 종이에 일곱 가지 보물에 대한 마음을 정성스럽게 글로 적은 다음 각각 다른 작은 선물 상자에 넣는다.

내 삶의 보물

29회기

죽음의 얼굴

바리데기를 저승으로 인도할 죽음의 얼굴을 형상화했다. H는 가면의 위쪽 윤곽을 검은 나선으로 장식하고 입술을 얇고 붉게 칠하는 것으로 간단하게 표현을 마친다.

죽음의 대사

완성된 죽음의 얼굴을 보며 바리데기를 데리러 온 죽음이 어떤 말로 그녀를 이끌었을지 상상했다. H가 떠올린 말은 "참 애썼다. 기특하다. 이제 때가 되었으니 가자. 미련 없이 가자"이다.

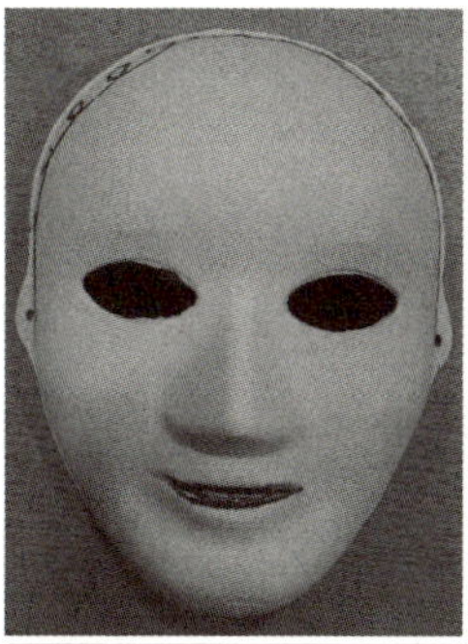

죽음의 얼굴

30회기

저승으로

이전 회기에 찾은 '내 삶의 보물'을 보자기에 싸고 무대에 카펫을 길게 깔아 저승에 이르는 길을 만들었다. 도움치료사는 검은 천을 몸에 두르고 죽음의 가면을 쓰고 H를 이끈다.

H는 죽음을 보자마자 눈물을 흘린다. 저승으로 떠나기 전 부부에게 마지막 인사를 하고 지금까지 자신의 잘못으로 아파한 사람들에게 용서를 빈다.

죽음은 저승으로 H를 이끌면서 보물을 하나씩 버리도록 한다. H는 일을 가장 먼저 버리고 공부, 내 집, 돈으로는 살 수 없는 자연과의 조우, 건강, 소중한 사람들에 대한 나의 사랑을 차례로 포기한다. 그리고 마지막에 나를 향한 하나님의 사랑을 내려놓는다. 보물을 하나씩 내려놓는 H의 모습은 단호하고 확신에 차 있다.

빈손으로 저승에 도착한 H는 울며 자신이 왔음을 알린다. 죽음이 힘들게 온 H의 등을 쓸며 애썼다고 위로한다.

돌아보기

호흡을 정리한 H는 죽음을 경험하면서 몇 가지를 새롭게 마음먹는다고 한다. 좋아하는 사람들과 함께 집 밥을 먹자, 다른 사람의 말을 중간에서 자르지 말자. 자극에 대해 즉각적으로 반응하기보다 조금 느리게 움직이자.

31회기

저승에서 살다

H는 장면에 들어가기 전에 무대에 바리데기가 저승에서 만나는 인물들을 여러 가지 물건들로 배치했다. 왼쪽 상단에 큰 빈 백(bean bag)이 아버지, 왼쪽 하단의 작은 빈 백이 무장승, 동그랗게 놓인 갖가지 색깔의 천이 7명의 아들들이다.

치료사가 1년 단위로 시간의 흐름을 지시하고 H는 혼자서 저승에서의 삶을 압축하여 산다. H는 중단하거나 쉬지 않고 말없이 무거운 움직임을 지속한다. 그 결과 9년을 살고 난 뒤에는 투사물의 배치가 달라졌다.

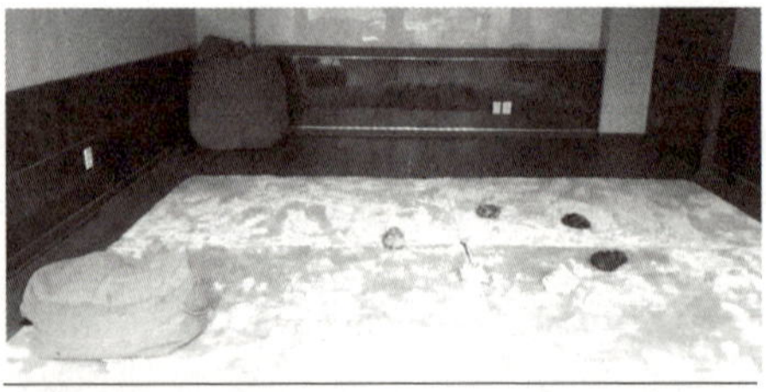

저승에서 살다(1)

저승에서 살다(2)

돌아보기

바리데기는 왜 9년씩이나 저승에 살면서 아들들을 낳아 기르고 일해야 했을까 물으니 H는 그래야 아버지에게 돌아가 병을 고칠 수 있는 힘이 생길 것 같다고 답한다. 다음 회기를 위해 H에게 바리데기가 죽은 아버지를 살릴 때 올린 기도문을 써오라고 했다.

32회기

딸을 기다리는 아버지

H가 오구대왕을 연기했다. 왕은 무거운 상처(앞선 회기에서 만든 오브제)를 가슴에 올리고 몸져누워 있다. 그는 막내딸에 대한 죄책감으로 자신의 몸을 돌보지 않는다. 왕비는 그런 남편을 불쌍히 여기면서도 바리데기의 고생이 물거품이 될까 노심초사한다. 8년을 그렇게 버티던 왕은 마지막 날을 맞는다. 바리데기가 저승으로 간 것만으로도 자신을 용서한 것이라고 믿는 왕은 마지막으로 왕비에게 미안하다는 말을 남기고 숨을 거둔다.

죽은 아버지를 살리다

H는 왕의 역할을 벗고 다시 바리데기가 되었다. 9년 후 바리데기가 도착한다. 왕비는 왕의 유언을 전하고 바리데기는 아버지를 살리기 위해 기도하며 아버지의 상처를 동여맨 굵은 밧줄을 푼다. “그를 불쌍히 여겨 축복해주세요. 당신의 딸로 태어나게 해 주셔서 감사합니다. 그리고 아버지 당신을 사랑합니다. 아버지 당신의 따뜻함을 이제야 알았습니다.” 죽은 왕이 되살아난다.

오구 대왕과 왕비는 고맙고 수고했다며 바리데기를 안아준다. 아버지가 무엇이든 들어주겠다며 소원을 묻자 바리데기는 저승의 안내자가 되겠다고 답한다. 왕이 딸을 축복한다. 그리고 다시 H가 아버지로서 바리데기에게 소원을 묻고 저승의 안내자가 됨을 축원한다.

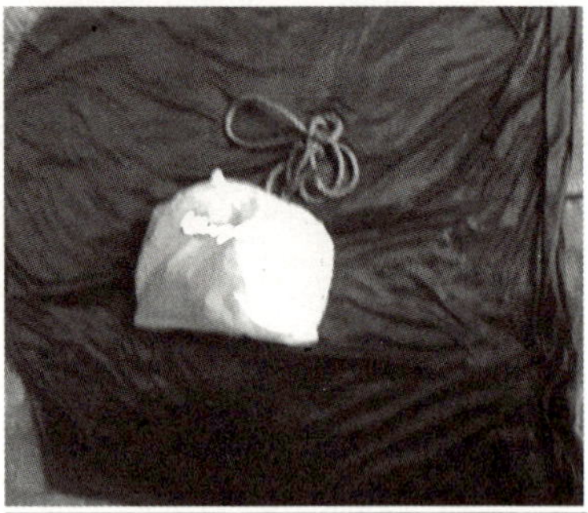

아버지의 상처를 풀다

바리데기 신화는 상처 입은 아이가 돕는 어른의 사랑에 힘입어 부모를 용서하고 상처 입은 치유자로 거듭나는 치유적 변형의 원형을 담고 있는 이야기입니다. 그래서 이 사례에서는 특별한 변형 없이 줄거리를 그대로 따르되 바리공덕 할아버지와 할머니로 표상된 돕는 어른을 강화하고 오구대왕의 상처를 구체화하는 데 특히 힘을 실었습니다. '아버지에게 버림받은 딸'이라는 역할과 거기서 비롯된 수치심과 분노로 자기 자신에 안착하지 못하고 바깥에서 수없는 헛된 아버지를 찾아 헤맸던 참여자 H는 바리데기 신화를 극화하면서 자신의 상처 입은 아이와 외면했던 아버지를 정면으로 마주하고 상처 입은 치유자로서 그 둘을 모두 안아줄 수 있었습니다.

해와 달이 된 오누이

옛날 어느 산골에 어머니가 아이 셋을 데리고 살았단다. 어머니는 가난해서 남의 집 일을 하며 겨우겨우 살았지. 그 날도 고개 너머 부잣집에 가서 하루 종일 일을 하고는, 아이들에게 줄 떡을 얻어 집으로 돌아오고 있었어.

어머니가 고개를 넘을 때였어. 갑자기 호랑이가 나타나 길을 막고 '떡 하나 주면 안 잡아먹겠다.'해서 어머니는 떡을 한 개 주었어. 고개를 또 하나 넘으니까 호랑이가 또 나타나 길을 막고 '떡 하나 주면 안 잡아먹겠다.'해서 어머니는 떡을 또 하나 주었어. 고개 하나를 또 넘으니까 호랑이가 또 나타나 길을 막고 '떡을 다 주면 안 잡아먹겠다.'해서 어머니는 떡을 다 주고 말았어.

어머니가 고개 하나를 또 넘을 때였어. 호랑이가 또 나타나 길을 막고 '저고리를 벗어주면 안 잡아먹겠다.'해서 어머니는 저고리를 벗어주었어. 고개 하나를 또 넘으니까 호랑이가 또 나타나 길을 막고 '치마 벗어주면 안 잡아먹겠다.'해서 어머니는 치마를 벗어주었어. 집 가까이에 오니, 호랑이가 나타나 어머니를 그냥 잡아먹었어.

호랑이는 어머니의 치마와 저고리를 입고 오누이가 있는 집으로 갔어. '얘들아, 엄마 왔다. 문 열어라!' 하고 소리쳤어. 오누이는 '우리 엄마 목소리가 아니야.'하면서 문을 열어주지 않았어. '얘들아 내가 찬바람을 많이 쐬어서 목소리가 이런 거야.' 하니, 오누이가 '그럼, 엄마 손 좀 만져보게 문구멍으로 들이밀어 봐.' 했어. 호랑이가 문구멍으로 손을 들이밀었어. '우리 엄마 손이 아니야. 엄마 손은 보들보들한데, 이 손은 까슬까슬해.' 하니, 호랑이가 '추워서 손이 까슬까슬한 거야. 어서 문 열어. 추워 죽겠다.' 했어.

오누이는 이 말을 곧이듣고 문을 열어 주었어. 호랑이는 방으로 들어와서 '우리 아가 젖 먹어야겠네.' 하며 아가를 보듬었어. 그리고 윗목에 앉아 젖먹이는 척하면서 아가를 잡아먹었어. 호랑이가 오도독 오도독 소리를 내니 오누이가 '엄마 뭘 먹어? 우리도 좀 줘.' 했어. 그러자 호랑이가 먹던 아가 손가락을 던져 주었어. 오누이는 깜짝 놀라 '엄마가 아니라 호랑이구나.'하고 눈치 챘어.

오누이는 도망갈 생각에 '엄마 똥 마려워.'하니 호랑이는 '거기서 누어라.' 했어. '여기서 누면 구린내가 나서 안 돼.' 하니, 호랑이가 '그럼 문 열고 마루서 누어라.' 했어. '마루서 누면 지나가다 밟으니까 안 돼.' 하니 호랑이가 '그럼 뒷간에 가서 누어라.' 했어. 오누이는 뒷간에 가는 척 하고 도망쳤어. 오누이는 우물 옆에 있는 나무에 올라갔어.

아무리 기다려도 오누이가 오지 않자, 호랑이는 뒷간에 가 보았어. 오누이가 없으니까 그제야 도망쳤구나 생각하고, 호랑이는 오누이를 찾으러 마당을 이리저리 돌아다녔어. 그러다 우물 속을 들여다보니 오누이가 그 속에 있지 뭐야. 호랑이가 '얘들아, 이리 나와. 어서 나와.' 하고 소리쳤어. 호랑이가 우물에 대고 하는 짓이 하도 우스워서 오누이는 히히 하고 웃었어.

호랑이가 웃음소리를 듣고 올려다보니, 나무 위에 오누이가 있었어. 호랑이가 '얘들아, 어떻게 해서 올라갔니?' 하고 묻자, 오라비가 '참기름 바르고 올라왔지.' 했어. 호랑이는 참기름을 가져와 나무에 바르고 올라가려 했지만 미끄러워서 올라가지 못했어. 호랑이가 '얘들아, 어떻게 해서 올라갔니?' 하고 다시 묻자, 누이동생이 '도끼를 가져다가 찍으면서 올라왔지.' 했어. 호랑이는 이 말을 듣고 도끼를 가져와 나무를 찍으면서 올라갔어.

호랑이는 금세 오누이가 있는 데까지 다 올라갔어. 오누이는 하늘에 대고 빌었어. '하느님, 하느님, 우리를 살리시려거든 새 동아줄에 새 두레박을 내려 주시고 우리를 죽이시려면 헌 동아줄에 헌 두레박을 내려 주세요.' 이렇게 비니까 하늘에서 새 동아줄과 새 두레박이 내려왔어.

오누이는 두레박을 타고 하늘로 올라가고 있었어. 호랑이도 하늘에 대고 빌었어. '하느님, 나를 살리시려면 새 동아줄에 새 두레박을 내려 주시고, 나를 죽이시려면 헌 동아줄에 헌 두레박을 내려 주세요.' 이렇게 비니까, 하늘에서 헌 동아줄에 헌 두레박이 내려왔어. 호랑이는 헌 두레박을 타고 하늘로 올라가다가 그만 헌 동아줄이 끊어져 아래로 떨어졌어. 밑에는 수숫대가 있었는데, 호랑이는 수숫대 끝에 찔려서 죽고 말았어.

오누이는 하늘에 올라가서 오라비는 해님이 되고 누이동생은 달님이 되었어.

그런데 달님이 된 누이동생이 밤길을 다니기가 무섭다며 낮에 다니고 싶다고 했어. 그래서 오라비는 밤에 다니는 달님이 되고, 누이동생은 낮에 다니는 해님이 되었단다.*

* 여기에는 『해와 달이 된 오누이』(고지영 그림, 김중철 엮음, 웅진주니어)의 내용을 그대로 옮겼습니다. 이 그림책은 글과 그림이 모두 해와 달이 된 오누이의 본연의 느낌을 잘 살리고 있어 참여자와 함께 책을 읽는 것으로 스토리텔링을 대신해도 좋을 것입니다. 특히 엄마로 가장한 호랑이가 갓난아기를 잡아먹는 대목을 삭제하지 않은 것과 호랑이를 오누이에게 골탕 먹는 어리석은 존재로 희화화하지 않은 점 그리고 소리 내어 읽을 때의 리듬을 살린 점이 훌륭합니다.

일단 '해와 달이 된 오누이'는 해와 달이라는 거대한 존재가 어떻게 태어났는지를 전해주는 신화이기도 하고, 수숫대에 붉은 반점이 생긴 까닭을 풀어 말해주는 설화이기도 합니다.

그리고 심리적 관점에서는 호랑이로 표상된 죽음의 위협에서 살아남는 이야기로 읽을 수 있습니다. 놀랍게도 우리말인 줄 알았던 호랑이는 범 호(虎) 자에 늑대 랑(狼) 자를 쓰는 한자어라고 합니다. 원래 우리가 호랑이를 부르던 이름이 범이고요. 그러니까 '해와 달이 된 오누이'에서 어머니와 아기를 잡아먹고 오누이마저 잡아먹으려 했던 호랑이가 범인 것입니다. 무시무시한 힘으로 덮쳐 꼼짝 없이 목숨을 앗아가는 '범'은 '밤'에서 온 말이라고 합니다. 그리고 칠흑같이 캄캄한 밤은 곧바로 죽음으로 이어지지요. 그러니까 범은 밤과 죽음을 중첩된 의미로 불러내는 상징이며, 그런 측면에서 '해와 달이 된 오누이'는 무섭게 닥쳐오는 어둠과 죽음으로부터 도망쳐 살아남은 사람(survivor)의 이야기라 할 수 있습니다.

또 한 가지 가능한 심리적 독해는 모성의 두 측면을 보여주는 이야기로 읽는 것입니다. 모성은 흔히 자기를 희생하여 어리고 약한 것을 길러내는 힘으로 인식됩니다. 하지만 모성은 자식을 어둠과 죽음으로 인도하는 파괴적인 힘이기도 합니다. 배신한 남편에게 앙갚음을 하려고 제 자식을 둘이나 죽인 그리스 신화 속 메데이아를 떠올리면 금세 이해가 가지요. 하지만 굳이 메데이아까지 거슬러 올라가지 않더라도 모성에 덧씌워진 신화를 벗겨내면 우리 주변에서도 이기적이고 위협적인 모성을 흔히 볼 수 있습니다. 자식을 잘 키운다며 참혹하고 비루한 짓을 서슴지 않고 자기 아이만 챙기고 남의 자식은 철저히 나 몰라라 하거나 자녀를 학대하고 착취하면서도 그것을 사랑이라 강변하는 나쁜 엄마들.

옛 이야기는 그 나쁜 엄마를 자기가 낳아 기른 자식을 잡아먹는 괴물로 형상화하곤 합니다. '해와 달이 된 오누이'에서 홀몸으로 떡을 팔아 세 아이를 키우는 어머니가 '좋은 엄마'라면 엄마로 가장하고 아이들을 잡아먹으려는 호랑이는 '나쁜 엄마'라 할 수 있습니다. 어머니와 호랑이는 다른 인물로 제시되지만 사실은 하나인 모성의 양면을 나누어 그린 것입니다.

한편 좋은 엄마건 나쁜 엄마건 아이가 어른이 되기 위해서는 먼저 모성으로부터 분리될 필요가 있습니다. 세상에 태어나 탯줄을 자르면서 우리는 첫 번째 집이었던 자궁을 떠납니다. 하지만 그 후로도 한참을 엄마의 품이라는 또 다른 자궁 속에서 지내면서 세상으로 나갈 힘을 기르지요. 그리고 충분히 성장하여 독립할 때가 되면 엄마와 연결된 심리적 탯줄을 끊고 나와 세상 가운데 자신의 집을 짓습니다. 그것에 실패하여 엄마의 품(womb)을 벗어나지 못하면 그곳은 더 이상 안전한 집이 아니라 모성에 잡아먹힌 자의 무덤(tomb)이 될 수밖에 없습니다. 이렇게 볼 때 '해와 달이 된 오누이'는 모성으로부터 성공적으로 분리하여 일가를 이루는 성장의 이야기라 할 수 있습니다.

02 이야기 쓰기

'해와 달이 된 오누이'를 읽는 여러 방식 중 모성의 두 측면을 대비시키는 관점에서 좋은 엄마와 나쁜 엄마가 본래 하나임을 자각하고 받아들이는 것을 목표로 활용 방식을 정리해보려 합니다.

이야기를 활용할 때 반드시 줄거리를 처음부터 끝까지 다루어야 하는 것은 아니며, 이야기를 쓰는 목적에 따라 특정 장면을 발췌하여 극화할 수 있습니다. 여기서는 좋은 엄마와 나쁜 엄마를 별개로 구체화한 다음 그 두 양상을 통합하는 데 초점이 있으므로 호랑이가 오누이를 쫓아가다가 떨어져 죽고 오누이는 해님과 달님이 되는 이야기의 결말은 다루지 않습니다. 그리고 다음에 제시하는 활용의 초점은 이야기의 순서를 따르고 있지만 이 또한 반드시 그대로 적용해야 하는 것은 아니며 참여자의 특성과 상황에 따라 바꿀 수 있습니다.

1) 엄마

막내가 아직 젖먹이인 상황에서 엄마 혼자 아이 셋을 돌보며 살림을 꾸려가기란 녹록치 않았을 것입니다. 산 너머 멀리 있는 잔치집 일거리까지 거들러 간 것도 그런 이유겠지요. 일을 가면서도 아이들끼리만 두고 가야 하는 게 마음에 걸린 엄마는 몇 번이고 단속을 합니다.

호랑이가 등장하기 전에 엄마와 오누이 그리고 갓난아기 네 식구가 어떤 모습으로 사는지를 극화할 수 있습니다.

2) 좋은 엄마의 오브제

앞서 경험한 장면을 바탕으로 좋은 엄마의 느낌을 담은 오브제를 만들 수 있습니다.

3) 호랑이

이야기에서 호랑이는 잡아먹은 엄마의 옷을 입고 엄마 흉내를 내며 의심하는 오누이를 속입니다. 방에 들어와서는 젖을 주는 척하며 말 못하는 갓난아기를 잡아먹더니 곧바로 본색을 드러내며 오누이를 위협합니다. 자식을 기만하고 위협하는 나쁜 엄마를 그대로 보여줍니다.

이 장면은 참여자가 호랑이로서 이야기대로 극화할 수도 있고, 호랑이로 표상된 나쁜 엄마의 특징을 살려 오누이의 일상을 다시 살아보는 방식으로 극화할 수도 있습니다. 혹은 이 두 가지를 모두 해볼 수도 있을 것입니다.

4) 나쁜 엄마의 오브제

앞서 경험한 장면을 바탕으로 나쁜 엄마의 느낌을 담은 오브제를 만들 수 있습니다.

5) 엄마의 두 모습

어머니와 호랑이라는 별개의 인물로 형상화되기는 했지만, 좋은 엄마와 나쁜 엄마는 둘이 아니라 하나입니다. 그렇다면 무엇이 엄마를 좋게 혹은 나쁘게 만드는지 그 연속성과 변형의 역동을 살피는 것이 매우 중요합니다.

우리는 끊임없이 음식의 형태로 에너지를 섭취하고 그 힘을 생존과 번식과 그 밖의 욕망을 위해 쓰면서 살아갑니다. 그런데 그 같은 삶의 조건은 특정한 경험을 축적하면서 앞으로 나아가게도 하지만 우리를 취약하게 만들기도 합니다. 에너지를 얻기 위해서는 어떤 식으로든 다른 생명체에 의존할 수밖에 없을 뿐 아니라 욕망은 일반적으로 충족되는 순간보다 채워지지 않아 우리를 오랫동안 목마르게 하는 바닷물 같기 때문입니다. 그리고 그 약함이 우리를 악하게 합니다. 우리의 목숨은 다른 삶의 죽음으로써 유지되고, 욕망은 바닥을 모르는 결핍이 되어 우리를 집어삼켜 분별을 잃게 합니다.

좋은 엄마와 나쁜 엄마도 마찬가집니다. 엄마라는 역할의 본질적인 욕망/결핍이 그리고 엄마 역할을 하는 개인의 어쩔 수 없는 욕망/

결핍이 좋은 엄마를 나쁜 엄마로 만드는 것입니다. 그리고 나아가게 하는 욕망과 분별을 잃게 하는 결핍의 차이는 정도(程度)에 있습니다. 적당한가 넘치는가의 차이 말입니다.

그래서 좋은 엄마와 나쁜 엄마의 연속성과 변형의 역동을 살피는 방법으로 과장(誇張)을 사용할 수 있습니다. 좋은 엄마의 특성(적당함)을 과장하면 나쁜 엄마의 특성(지나침)이 나타나게 되는 것이지요. 양질전환의 법칙은 연극에서도 동일하게 적용됩니다.

말이 나온 김에 양질전환의 법칙에 대해 살펴볼까요? 변화는 일반적으로 '어느 날 갑자기' 찾아옵니다. 아니 사실은 그렇게 느껴지는 것이지요. 하지만 자세히 들여다보면 그 어느 날 갑자기 이전에 꾸준한 차곡차곡이 있고 그것이 어쩔 도리 없는 지경에 달했을 때 비로소 어느 날 갑자기 툭 하고 튀어 오르는 것입니다. 헤겔(Georg Wilhelm Friedrich Hegel)은 일정한 양이 누적되면 질적 비약으로 나타나는 현상에 주목하고 그것을 양질전환의 법칙이라 불렀습니다. 양적 변화는 서서히 점진적으로 진행되지만 질적 변화는 급격한 폭발적 비약으로 나타납니다. 끓기 전까지 물의 온도는 천천히 올라가지만 100도가 되면 더 이상 액체가 아니라 수증기가 되어 흩어지듯이.

마르크스(Karl Marx)는 이것을 사회경제구조의 변화에 적용해 혁명이라는 질적 비약을 이뤄내고자 했지요. 그런데 양질전환의 법칙은 심리치료의 장면에서도 유효합니다. 우선 질병과 질병 아닌 상태(혹은 정상)는 서로 다른 본질의 것이 아닙니다. 일반인에게도 질병의 기미와 특성이 있고 환자 역시 환자됨 이외의 영역은 일반인과 다르지 않습니다. 그러니까 환자와 일반인이 별개의 범주가 아니라 특정 시점에 어떤 범위에 있느냐에 따라 갈라지는 연속성의 문제라는 것입니다. 심리적 취약성이 개인 안팎의 요인으로 점증하다가 적응을 현저하게 방해하는 순간 질병/장애로 판별되는 것이지요.

또 양질전환의 법칙은 좀 더 근본적인 차원에서 심리치료에 관여합니다. 좋음과 나쁨, 약함과 강함, 높음과 낮음, 예쁨과 미움, 진짜와 가짜, 밝음과 어둠, 심리치료가 다루는 이 면모들 역시 모두 양의 차이에 의존하는 상대적 특질일 뿐 화해 불가능한 대립적 특질이 아닙니다. 그래서 양질전환의 관점에서 임상에서 필요한 개입은 과장과 축소 그리고 연속성을 통한 통합이 전부일 수 있습니다.

6) 좋은 엄마와 나쁜 엄마 오브제 통합하기

좋은 엄마와 나쁜 엄마가 서로 다른 사람이 아니라 본래 하나임을 아는 것은 아이의 성장에 결정적입니다. 어린 아기 때는 엄마를 자신의 연장인 줄로 알다가 자라면서 엄마가 자신이 아닌 다른 사람이라는 것을 깨닫게 됩니다. 그런데 그 다음에 아이들이 겪는 환상은 자신이 아닌 엄마를 하나가 아니라 둘로 경험하는 것입니다. 맛난 것을 주거나 신나게 놀아주는 엄마는 좋은 엄마, 원하는 것을 주지 않거나 무서운 엄마는 나쁜 엄마. 그렇게 좋은 엄마와 나쁜 엄마를 멀리 떨어뜨려 놓고 상황에 따라 좋은 엄마에게 환호했다가 나쁜 엄마로 인해 좌절하는 미숙한 상태를 한동안 지속합니다. 옛 이야기는 이 같은 아이들의 특성을 선한 인물과 악한 인물의 화해할 수 없는 대립으로 표현합니다. '해와 달이 된 오누이'의 어머니와 호랑이가 또 그렇습니다.

그런데 이 같은 분리는 건강한 애착으로써 극복되어야 하는 환상입니다. 좋은 엄마와의 접촉이 빈번하고 강력해서 애착이 잘 형성되면 아이는 나쁜 엄마로 인해 실망하더라도 오래지 않아 믿음을 회복하고 다시 좋은 엄마를 기대합니다. 그렇게 좌절과 신뢰를 반복하면서 서로 등지고 있던 좋은 엄마와 나쁜 엄마가 점차 하나로 합쳐집니다. '엄마는 가끔 날 속상하게 하지만 그때도 여전히 나를 사랑해.' 엄마가 드디어 긍정적이고 부정적인 특성을 모두 갖춘 통합적 대상이 되는 것입니다. 애착 심리학에서는 이것을 두고 '긍정적인 대상항상성'

이 형성되었다고 합니다. 이렇게 좋은 엄마와 나쁜 엄마를 잘 통합한 아이는 나중에 자라서도 친구나 배우자나 동료 등 중요한 다른 사람과 갈등하되 신뢰를 포기하지 않고 소통하면서 안정적이고 깊이 있게 관계할 수 있습니다.

이 같은 맥락에서 앞서 만든 좋은 엄마의 오브제와 나쁜 엄마의 오브제를 하나로 합할 수 있습니다.

03 활용 사례

참여자 S는 20대 초반의 대학생이다. 10살까지 우리나라에서 살다가 부모와 두 살 위 언니와 함께 미국으로 이주했다. 중학교에 진학하면서 우울증이 발병하여 학교장의 권유로 상담을 받기 시작했고 이후 8년 동안 일반 상담을 비롯해 음악치료, 미술치료, 모래 놀이치료 등 다양한 심리치료를 경험했지만 증세가 호전되지 않았다. S의 말로는 치료사들이 자신에게 관심이 없어 제대로 상담이 진행되지 않았다고 하는데, 언어와 문화의 차이가 걸림돌이 되었던 것으로 보인다. 아무튼 S는 마지막이라는 마음으로 본격적인 심리치료를 위해 혼자 다시 우리나라를 찾았다.

귀여운 외모와 야무진 말투 그리고 몸에 밴 친절함으로 얼핏 봐서는 S의 심리적 장애를 알아차리기 어려웠으며, 심리치료를 지원해 온 부모도 S의 증상을 정확히 알지 못했다. 연극치료를 의뢰할 당시 S가 호소한 증상은 폭식과 대인기피였다. 대학에서 수업을 듣고 교회에 나가면서도 남자친구를 제외하고는 사람들과 전혀 접촉하지 않았고 폭식 행동을 주 30회 이상 1년 넘게 지속해왔다. 하지만 키 150cm 몸무게 45kg의 적정 체형에 월경을 거르지 않은 것으로 볼 때 신체 건강에는 큰 문제가 없었으며 교과 성적도 우수한 편이었다.

폭식증(bulmina nervosa)은 섭식 장애의 한 유형으로 짧은 시간 내에 많은 양을 먹는 폭식 행동과 이로 인한 체중 증가를 막기 위해 구토 등의 보상 행동을 반복하는 것을 말한다. 정신 역동적 관점에서 볼 때 폭식증은 대인관계에서 비롯되는 갈등을 음식을 먹고 토하는 행위로 대체하는 것이다. 다시 말해 폭식증 환자에게 폭식은 자신의 몸과 음식을 매체로 사람들과의 연결과 파괴를 표현하는 일종의 상징적 행위이다. 폭식증 환자는 일반적으로 부모와 분리하는 데 심한 어려움을 겪는다.

갓난아기는 젖가슴으로 제유되는 엄마와의 안정적이고도 환상적인 일체감 속에 살지만 자라면서 자신을 엄마와 별개의 정체로 지각하게 되고 그 같은 경험이 축적되어 나중에는 엄마 없이 혼자일 수 있는 상태로 성장해간다. 다시 말해 유아의 성장은 엄마로부터 멀어지는 과정이라 할 수 있다. 그러나 그 분리가 쉽지 않기 때문에 아이들은 엄마는 아니지만 엄마를 닮은 다른 물건으로 자신을 위로한다. 엄마를 대신한 그 전이 대상을 최초의 상징이라 할 수 있으며, 그것은 아이가 환상을 가지고 놀며 사고하기 시작했음을 나타내준다.

그런데 엄마로부터의 분리를 완결하지 못한 폭식증 환자는 그 같은 전이 대상의 사용에도 서툴러서 엄마를 대신할 적절한 대상을 찾지 못한 채 음식을 먹음으로써 엄마와 연결되고자 하는 욕망을 포현하고 다시 음식을 토함으로써 엄마와 분리하려 애쓴다. 요컨대 폭식증은 '엄마와의 분리 실패를 강박적으로 반복하는 일종의 상징적 행위'라 할 수 있다.

S의 증상 역시 이 같은 맥락에서 이해할 수 있다. 그녀는 미국에서의 생활을 "착한 아이가 되기 위해 노력한 날들"로 기억했다. 그것

은 구체적으로 술, 담배, 약물을 가까이 하지 않고 성적 순결을 지키며 좋은 대학에 입학하여 조기 졸업하는 것 그리고 타인을 배려하는 친절한 사람이 되는 것이었다. S의 부모님, 특히 어머니는 딸들의 장래를 위해 다른 나라로 이주하는 중대한 선택을 했을 뿐 아니라 두 딸이 자신의 희생과 맞바꾼 행복을 탄탄하게 다지도록 종교, 학업, 직업, 연애, 외모, 취향 등 인생 전반에 걸친 선택에 적극적으로 개입하여 압력을 행사했다. S의 언니는 그런 엄마에 맞서 강하게 저항한 데 반해 S는 갈등을 피하기 위해 자신의 욕구와 상관없이 엄마에게 순응해왔다. 그런데 성장하면서 엄마로부터 분리되고자 하는 욕망과 엄마에 대한 무의식적 분노가 엄마의 가치를 내면화한 의식과 심하게 충돌하면서 폭식을 비롯한 우울증으로 나타난 것이다.

치료 과정에서 엄마와의 갈등이 표면에 떠오르면서 S는 엄마에게 강한 분노와 죄책감을 동시에 느꼈고 그 길항하는 두 감정을 담아내느라 점점 더 지쳐갔습니다. 그래서 S가 자신의 의식을 통제하는 '좋은 엄마'와 무의식을 지배하는 '나쁜 엄마'를 통합할 수 있도록 '해와 달이 된 오누이'를 극화하였습니다. 이 상담에는 저와 참여자 그리고 최미아와 박경진 연극치료사가 도움치료사로 함께 했습니다.

17회기

스토리텔링

이야기를 들려주었다.

오누이의 일상

엄마와 맏아들, 누이, 2살 아기 중에서 S는 맏이를 맡았다. S는 장면이 지속되는 동안 배고프다고 칭얼대는 누이를 달래고 엄마 찾아 울고 보채는 막내를 업어주며 두 동생의 다툼을 말리고 저녁을 챙겨 먹이고 막내 기저귀를 갈고 씻기며 한시도 멈추지 않고 움직인다. 엄마가 돌아온 뒤에도 쉬기보다 오히려 새벽까지 다음 날 다시 일을 나가야 하는 엄마를 돕는다. 하지만 그 모든 일을 싫은 내색 하나 없이 마땅히 자신이 해야 하는 것처럼 해낸다. "착한 아이가 되기 위해 노력한 날들"이라는 그녀의 말이 장면 속에서 실감되었다.

엄마로서

역할을 바꿔 S가 엄마를 연기하도록 했다. 그녀는 자식들을 잘 키우기 위해서는 무엇보다 돈이 가장 중요하다고 여긴다. 그래서 저마다 다른 아이들에게 필요한 관심을 주고 정서적으로 돌보기보다 어떻게든 돈을 버는 데 온 힘을 쏟는다.

돌아보기

엄마와 맏아들을 모두 경험한 S는 극화하면서 "힘들었어요. 그리고 다른 사람들이 불쌍해요"라고 말한다. 누군가 불쌍하다 느끼는 것은 그 대상에게 감정이입하는 것이므로 여러 인물 중 누가 가장 불쌍한지 되물었다. S는 누이, 엄마, 맏아들, 막내의 순이라고 대답한다. 여전히 자신보다 엄마를 더 가깝게 느끼고 있다.

그래서 맏아들이 지금처럼 몇 년을 더 산다면 어떻게 될 것 같은지 물었다. S는 잠시 사이를 두더니 희망찬 미래가 그려지지 않는다며 맏아들이 식구들을 원망하게 될 것 같다고 한다.

이 회기에서는 가족의 행복을 위해 자기를 버리고 엄마와 융합된 S의 모습이 뚜렷이 드러났다.

엄마를 피겨로

여러 가지 피겨 가운데서 지난 회기에 극화한 '해와 달이 된 오누이' 속 엄마를 나타내는 것을 골라 적절하게 배치하도록 했다. S는 거울과 빗, 신발, 거북이, 괘종시계를 한 줄로 늘어놓는다. 거울과 빗은 엄마가 그 앞에서 머리를 빗으며 자신의 젊은 시절을 추억하는 모습이고, 신발은 무거운 책임을 벗고 현실에서 도망가고 싶은 마음을 나타내며, 거북이는 그럼에도 일상을 묵묵히 살아가는 것이고, 괘종시계는 엄마가 선택한 운명이 돌이킬 수 없음을 말한다고 설명한다.

엄마의 피겨

조각상으로

피겨들로 표현한 엄마를 다시 조각상*으로 변형했다. S가 조각가가 되어 다른 사람들을 이용해 특정한 표정과 자세 혹은 반복적 동작을 하는 조각상처럼 만드는 것이다. S는 이때도 세 사람을 한 줄로

* 조각상(statue)은 참여자가 자신의 몸을 이용해 어떤 인물이나 감정 또는 생각을 정지된 자세로 표현하거나 다른 사람(들)을 재료로 움직이지 않는 형태를 만드는 표현방식입니다. 조각상은 극적 표현 중에서 위험도가 낮아서 참여자가 쉽고 편안하게 시도할 수 있고, 표현하는 데 시간이 오래 걸리지 않으며, 좁은 공간에서도 운용이 가능하고, 반복적 동작이나 대사를 부여하여 손쉽게 극적 장면으로 확장할 수 있습니다.

나란히 배치한다. 피겨는 네 개인데 조각상이 될 사람은 셋뿐이어서 신발과 거북이를 하나로 합치도록 했다.

먼저 젊은 시절을 추억하는 엄마는 다른 인물들을 등진 채 단장하며 "난 내가 하고 싶은 걸 마음껏 할 거야"라고 말한다. 과거로 돌아가고 싶어 하는 엄마와 반대 방향으로 천천히 기어가는 거북이의 대사는 "힘들어. 돌아가고 싶어"다. 마지막으로 괘종시계는 양 팔을 벌리고 서서 거북이가 다른 데로 가지 못하도록 막으면서 위협적인 소리를 낸다.

세 인물이 동시에 움직이고 말하게 한 다음 S는 맏아들로서 그 광경을 거리를 두고 지켜보도록 했다. 잠시 후 조각상을 멈추고 S에게 어떻게 보았는지를 물었다. S는 엄마가 불쌍하다고 한다.

과장

조각상의 감정을 두 배로 과장하게 했다. 그에 따라 조각상의 동작과 대사가 훨씬 과격해진다. 과거의 엄마는 단 꿈에 젖어 소리치고 거북이는 기어가다가 자꾸만 주저앉고 괘종시계는 완강한 태도로 거북이의 이탈을 막는다.

역시 맏아들로서 그 모습을 거리를 두고 지켜 본 S에게 어떤 느낌인지 물었다. 그녀는 엄마가 여전히 불쌍하면서도 한편으로는 왜 저렇게 사는지 모르겠다며 답답해한다.

엄마의 조각상을 한 차례 더 과장했다. 조각상은 희망과 절망이 거세게 충돌하며 내파되는 엄마의 모습에 가까워진다. 세 번째 조각상을 지켜본 S는 "엄마한테는 자식이 짐인 것 같아요. 엄마가 우리를 원망하니까 나도 엄마가 원망스러워요"라고 말한다.

과장한 조각상을 다시 피겨로

두 번 과장한 엄마의 마지막 조각상을 다시 피겨로 나타내도록 했다. S는 호랑이를 선택하더니 머리에 사람 얼굴 모양의 속이 빈 인형을 덧씌운다. 그리고 "너희는 내가 원하는 걸 하게 될 거야"라는 대사를 부여한다.

호랑이 엄마

지난 회기에 했던 것처럼 오누이와 엄마의 일상을 극화할 텐데 이번에는 방금 찾은 '호랑이 엄마'로서 장면을 살 것이라 설명했다. 호랑이 엄마가 된 S는 아이들을 냉정하고 강압적인 태도로 대한다. "엄마처럼 그리고 지금처럼 살지 않으려면 공부를 해야 해"라며 무섭게 다그치고, 일요일에도 쉬지 않고 떡을 팔러 나가면서 아이들이 일찍 일어나 교회에 다녀온 뒤에는 공부를 하도록 통제한다. 감정을 거칠게 드러내지는 않지만 반항을 허용치 않는 권위적인 모습으로 사소한 것까지 아이들을 조종한다.

호랑이 엄마

돌아보기

S는 호랑이 엄마의 피겨는 엄마와 비슷하다고 생각했는데 극화에서 자신이 연기한 엄마는 좀 과장된 것 같다며 죄스러워한다. 호랑이 엄마는 실제 엄마라기보다 S의 마음이 만든 엄마의 두 얼굴 중 하나일 뿐이며, 이제부터는 '나쁜 엄마'에게 버림받을까봐 착한 아이가 되려고 애쓰는 대신 '엄마가 나로 인해 상처 받을 수도 있고 실망할 수도 있고 좌절할 수 있으며, 그것은 어쩔 수 없는 엄마의 몫'임을 받아들여야 한다고 이야기했다.

S의 우울증은 언제까지나 '엄마의 착한 딸'로 남고자 하는 의식적 욕구와 엄마의 보살핌과 통제에서 벗어나 자신으로서 살고자 하는 무의식적 욕구의 분열과 충돌에서 비롯되었습니다. 그리고 그것이 '좋은 엄마'와 '나쁜 엄마'의 분열과 충돌로 나타났지요. 그래서 해와 달이 된 오누이를 통해 그 분열상을 명확히 하고 둘의 연속성을 확증함으로써 엄마를 좋기도 하고 나쁘기도 하며 만족스럽기도 하고 실망스럽기도 한 전체대상으로 경험할 수 있었습니다.

신데렐라

부유한 한 남자가 있었습니다. 병에 걸린 아내는 이제 죽음이 가까워졌음을 알고는 외동딸을 병상 곁으로 불러 말했습니다. "사랑하는 딸아. 한결같이 경건하고 착하게 살아야 한다. 그러면 사랑하는 하느님이 언제나 도와주실 거다. 그리고 나는 하늘에서 내려다보면서 보살펴줄 거야." 그러고는 눈을 감고 작별을 고했습니다. 소녀는 매일매일 어머니 무덤에 가서 눈물을 흘렸고, 한결같이 경건하고 착하게 살았습니다. 겨울이 오자 눈이 무덤을 하얀 천처럼 덮었습니다. 봄에 햇살이 그 천을 걷어냈을 때 남자는 다른 부인을 얻었습니다.

그 여자는 두 딸을 데리고 왔습니다. 딸들은 예뻤고 얼굴이 희었습니다. 그러나 심보가 고약하고 마음이 시커맸습니다. 가련한 소녀에게 고난의 시절이 시작되었습니다. 그들은 "우리 집의 이 멍청한 거위는 골방에서 살아야 해"라고 말했습니다. "밥을 먹으려면 일을 해야지. 당장 나가서 일하란 말이야. 이 부엌데기야." 그들은 아이의 예쁜 옷을 빼앗고 해진 잿빛 누더기 옷을 입히고 나무신을 주었습니다. "이 거만한 공주님 좀 봐. 옷을 잔뜩 차려 입었는걸." 이렇게 놀리면서 웃었고 아이를 부엌으로 데려갔습니다. 거기에서 아이는 아침부터 저녁까지 궂은일을 했습니다. 해가 뜨기 전에 일찌감치 일어나서 물을 길어오고 불을 지피고 요리를 하고 빨래를 했습니다. 게다가 의붓자매는 머리에서 짜낼 수 있는 온갖 마음의 고통을 안겨주었고 끊임없이 아이를 모욕했습니다. 재 속에 완두콩을 뿌려놓았기 때문에 아이는 쭈그리고 앉아 한 알 한 알 골라내야 했습니다. 지칠 때까지 일을 하고 나서 저녁이 되면 아이는 침대가 아니라 화덕 옆의 재 속에서 잠을 자야 했습니다. 아이는 언제나 재투성이였고 더러웠습니다. 새 어머니와 의붓자매는 아이를 재투성이라고 불렀습니다.

한번은 아버지가 장에 가게 되었습니다. 아버지는 두 의붓딸에게 어떤 선물을 받고 싶은지 물었습니다. 한 딸은 "예쁜 옷이요"라고 말했고 다른 딸은 "진주하고 보석이요"라고 말했습니다. "그럼 재투성이야, 너는 뭘 가지고 싶니?" 라고 아버지가 물어보셨습니다. "집으로 돌아오실 때 모자에 닿은 첫 번째 나뭇가지를 꺾어다 주세요." 아버지는 두 의붓딸을 위해 예쁜 옷과 진주와 보석을 샀습니다. 아버지가 말을 타고 푸른 덤불숲을 거쳐 돌아오는 길에 개암나무 가지가 아버지를 스치면서 모자에 닿았습니다. 그래서 아버지는 그 가지를 꺾어 가지고 왔습니다. 아버지는 집으로 돌아와 의붓딸들이 원했던 것을 주었고 재투성이에게는 개암나무 가지를 주었습니다. 재투성이는 감사하다고 말하고 어머니 무덤으로 가서 가지를 무덤 위에 심었습니다. 재투성이가 무덤가에서 울자 눈물이 가지 위에 떨어졌고 가지는 자라나서 아름다운 나무가 되었습니다. 재투성이는 매일 세 번씩 그 아래에 가서 울고 기도했습니다. 어느 날 하얀 새 한 마리가 날아와 나무에 앉았고, 재투성이가 소원을 말하면 새는 재투성이가 바라는 것을 아래로 던져 주었습니다.

어느 날, 왕이 사흘 동안 잔치를 열기로 했습니다. 잔치에는 그 나라의 아름다운 처녀들이 모두 초대되었고 왕자님이 그중에서 신부를 고를 것이라고 했습니다. 두 의붓딸은 잔치에 가게 되자 기분이 좋아서, 재투성이를 불러서 말했습니다. "머리를 빗겨줘. 그리고 구두를 닦고 허리띠도 단단히 매줘. 우리는 결혼식을 하러 궁궐에 가는 거니까." 재투성이는 고분고분 시키는 대로 했습니다. 그러나 재투성이도 무도회에 함께 가고 싶어서 울었습니다. 아이는 새어머니에게 허락해달라고 청했습니다. 새어머니는 "재투성이야, 너는 먼지하고 흙투성이잖니. 그런데 결혼식에 가겠다고? 그리고 드레스도 없고 신발도 없잖아. 그런데 춤을 추겠다고?"라고 말했습니다. 그래도 재투성이가 계속 애원하자 새어머니는 마침내 이렇게 말했습니다. "콩 한 말을 잿더미에 흩뿌려놓을 테니까, 그 콩들을 두 시간 안에 골라낸다면 같이 가도 좋아." 소녀는 뒷문을 통해 정원으로 가서 말했습니다. "귀여운 비둘기야. 잉꼬비둘기들아, 하늘 아래 사는 새들아, 이리 와서 콩 골라내는 걸 도와주렴. 좋은 것은 단지 안으로, 나쁜 것은 모이주머니 안으로."

그러자 부엌 창문으로 하얀 비둘기 두 마리가 날아 들어왔고 그 다음에는 잉꼬비둘기들이, 마침내 하늘 아래 사는 온갖 새들이 떼를 지어 날아와 재 주위에 둘러앉았습니다. 비둘기들은 머리를 끄덕이면서 찌걱찌걱 콩을 쪼기 시작했고 다른 새들도 모두 찌걱찌걱거리면서 좋은 콩을 골라내 모두 단지 안에 담았습니다. 한 시간도 지나지 않아 새들은 일을 마쳤고 다시 날아가버렸습니다. 소녀는 단지를 새어머니에게 가져갔습니다. 소녀는 이제 결혼식에 같이 갈 수 있을 것이라는 생각에 마음이 들떴습니다. 그러나 새어머니는 말했습니다. “재투성이야, 안 돼. 너는 드레스도 없고 춤출 줄도 모르잖니. 사람들이 널 보면 다 비웃을 거야.” 재투성이가 울음을 터뜨리자 새어머니는 말했습니다. “콩 두 말을 한 시간 내로 재에서 골라낸다면 같이 가도 좋아.” 그러면서 ‘더는 절대 안 될 걸’이라고 생각했습니다. 새어머니가 재 속에 콩 두 사발을 쏟아버리자 소녀는 뒷문을 통해 정원으로 나가 외쳤습니다. “귀여운 비둘기야, 잉꼬비둘기들아, 하늘 아래 사는 새들아, 이리 와서 콩 골라내는 걸 도와주렴. 좋은 것은 단지 안으로, 나쁜 것은 모이주머니 안으로.”

그러자 부엌 창으로 하얀 비둘기 두 마리가 들어왔고 그 다음에는 잉꼬비둘기들이, 마침내 하늘 아래 사는 온갖 새들이 떼를 지어 날아와 재 주위에 둘러앉았습니다. 비둘기들은 머리를 끄덕이면서 찌걱찌걱 콩을 쪼기 시작했고 다른 새들도 모두 찌걱찌걱거리면서 좋은 콩을 골라내 모두 단지 안에 담았습니다. 반 시간이나 지났을까, 새들은 벌써 일을 마쳤고 다시 날아가버렸습니다. 소녀는 단지를 새어머니에게 가져갔습니다. 소녀는 이에 결혼식에 같이 갈 수 있을 것이라는 생각에 기뻤습니다. 그러나 새어머니는 이렇게 말했습니다. “그래도 안 돼. 너는 함께 갈 수 없어. 너는 드레스도 없고 춤도 못 추잖니. 너 때문에 우리가 창피할 거야.” 새어머니는 등을 돌리고는 거만한 두 딸과 함께 부랴부랴 집을 나섰습니다.

이제 집에 아무도 없게 되자 재투성이는 어머니 무덤으로 가서 개암나무 아래에서 소리쳤습니다. “나무야, 몸을 흔들어서 금과 은을 내려주렴.”

그러자 새가 금실과 은실로 만든 드레스 한 벌과 비단실과 은실로 짠 신발 한 켤레를 내려주었습니다. 소녀는 서둘러 옷을 입고 결혼식장으로 향했습니다. 그러나 언니들과 새어머니는 소녀를 알아보지 못하고 소녀가 낯선 공주일 거라고 여겼습니다. 금빛 드레스를 입은 소녀는 그렇게 예뻤던 것입니다. 그 소녀가 재투성이일거라고는 꿈에도 생각하지 않았고, 재투성이는 집에서 더러운 곳에 앉아서 재 속에서 콩을 골라내고 있다고 생각했습니다. 왕자가 소녀에게 다가와서 손을 잡고 함께 춤을 추었습니다. 왕자는 다른 사람하고는 춤을 추려고 하지 않았습니다. 왕자는 재투성이의 손을 놓지 않았고, 다른 남자가 와서 소녀에게 춤을 추자고 청하면 "이 사람은 나의 춤 상대입니다"라고 말했습니다.

저녁이 될 때까지 재투성이는 춤을 추었고 이제 집으로 가려 했습니다. 그러나 왕자는 이렇게 말했습니다. "제가 함께 가겠어요. 집까지 바래다드리지요." 왕자는 아름다운 소녀의 집이 어디인지 알고 싶었던 것이지요. 그렇지만 소녀는 왕자에게서 재빠르게 벗어나서 비둘기장으로 뛰어들었습니다. 왕자는 재투성이 아버지가 올 때까지 기다렸다가 낯선 소녀가 비둘기장으로 뛰어들었다고 말했습니다. 아버지는 '아마 재투성이일 거야'라고 생각했습니다. 사람들이 도끼와 곡괭이를 가져왔습니다. 아버지는 비둘기장을 찍어 두 조각을 냈지만 그 안에는 아무도 없었습니다. 그들이 집으로 돌아왔을 때 재투성이는 더러운 옷을 입고 잿더미 안에 누워 있었습니다. 굴뚝 안에서 흐릿한 기름등잔 불이 빛나고 있었습니다. 재투성이는 재빠르게 윗문으로 비둘기장을 빠져나와 뛰어내렸고 개암나무로 달려갔던 것입니다. 거기에서 아름다운 옷을 벗어 무덤 위에 놓았고 새가 그 옷을 치웠습니다. 그리고 소녀는 자기의 잿빛 옷을 입고 부엌으로 돌아와 잿더미에 누웠던 것입니다.

축제가 다시 시작하는 다음날 부모님과 의붓언니들은 다시 그리로 갔습니다. 그래서 재투성이는 개암나무에게 가서 말했습니다. "나무야, 몸을 흔들어서 금과 은을 내려주렴."

그러자 새는 전날보다 더 화려한 드레스를 내려주었습니다. 소녀가 이 드레스를 입고 결혼식에 나타나자, 너무 아름다워서 모두 놀라움을 금치 못했습니다. 왕자는 소녀가 올 때까지 기다렸다가 득달같이 손을 잡고 오직 그녀와 춤을 추었습니다. 다른 사람이 다가와서 소녀에게 춤을 청하면 왕자는 말했습니다. "이 사람은 나의 춤 상대입니다." 저녁이 되자 소녀는 떠나려고 했습니다. 왕자는 소녀를 따라와서 어느 집으로 들어가는지 보려고 했습니다. 그렇지만 소녀는 왕자를 떨쳐버리고 집 뒤 정원으로 뛰어 들어갔습니다. 정원에는 커다랗고 아름다운 배나무가 있었는데, 거기에는 아주 탐스러운 배들이 열려 있었습니다. 소녀는 다람쥐처럼 날쌔게 나뭇가지 사이로 기어올랐고, 왕자는 소녀가 어디로 갔는지 찾을 수 없었습니다. 왕자는 재투성이 아버지가 올 때까지 기다렸다가 말했습니다. "그 낯선 소녀가 달아나 버렸습니다. 이 배나무 위로 올라간 것 같습니다." 아버지는 생각했습니다. '아마 재투성이일 거야.' 그러고는 도끼를 가져오게 해서 나무를 베어냈습니다. 그렇지만 그 위에는 아무도 없었습니다. 그리고 그들이 부엌 안으로 들어왔을 때 재투성이는 늘 그랬듯이 잿더미 안에 누워 있었습니다. 소녀는 나무의 다른 편으로 뛰어내려서 개암나무 위의 새에게 아름다운 옷을 돌려주고 자기의 잿빛 옷을 다시 입었던 것입니다.

셋째 날 부모님과 언니들이 떠나자 재투성이는 다시 어머니 무덤으로 가서 나무에게 말했습니다. "나무야, 몸을 흔들어서 금과 은을 내려주렴."

그러자 새는 드레스를 한 벌 내려주었는데, 이전에 누구도 입어본 적이 없을 만치 눈부시게 찬란하고 화려했습니다. 신발은 황금 신발이었습니다. 소녀가 드레스를 입고 결혼식장에 갔을 때 사람들은 너무도 놀라서 뭐라고 말을 해야 할지 몰랐습니다. 왕자는 그녀하고만 춤을 추었고 누군가 소녀에게 춤을 청하면 "이 사람은 나의 춤 상대입니다"라고 말했습니다.

저녁이 되어서 재투성이가 떠나려 하자 왕자는 바래다주려고 했습니다. 하지만 소녀가 재빠르게 벗어났기에 왕자는 그녀를 따라갈 수 없었습니다. 그러나 왕자는 꾀를 내어 계단을 온통 역청으로 칠해 두게 했습니다. 소녀가 아래로 뛰어내리자 왼쪽 신발이 거기 붙어서 떨어지지 않았습니다. 왕자는 신발을 집어 들었습니다. 작고 우아한 구두는 황금으로 만들어져 있었습니다.

다음날 아침 왕자는 구두를 들고 재투성이 아버지에게 가서 말했습니다. "이 황금 신이 발에 맞는 여자 외에는 그 누구도 아내로 맞이하지 않겠습니다." 그러자 두 언니는 기뻐했습니다. 두 사람은 발이 예뻤기 때문이지요. 큰언니가 신발을 들고 방으로 들어가서 신어보려고 했습니다. 어머니는 그 옆에 서 있었습니다. 그러나 발가락이 커서 구두에 들어가지 않았습니다. 그녀에게 신발이 너무 작았던 것입니다. 그러자 어머니는 칼을 주면서 말했습니다. "발가락을 잘라라. 왕비가 되면 걸어 다닐 필요도 없으니까." 큰 언니는 발가락을 잘랐고 신발에 발을 억지로 밀어넣었습니다. 고통을 이를 악물면서 큰언니는 왕자에게 갔습니다. 왕자는 큰언니를 신부로 맞이해 말에 태우고 갔습니다. 그러나 무덤 곁을 지날 때 비둘기 두 마리가 개암나무 위에 앉아 소리쳤습니다. "저기 봐, 저들이 온다. 신발 안에 피가 넘쳐. 신발이 너무 작아. 진짜 신부는 여태 집에 앉아 있는 걸."

왕자는 큰언니의 발을 내려다보았습니다. 피가 새하얀 양말을 완전히 빨갛게 물들이며 넘쳐 흐르는 것을 보았습니다. 그래서 말을 돌려 가짜 신부를 다시 집으로 데려갔습니다. 왕자는 이 사람이 진짜 신부가 아니라고 잘라 말하면서 다른 딸이 신발을 신어보아야 한다고 말했습니다. 그러자 작은언니가 방으로 들어가서 신발을 신어보았는데 운 좋게도 신발 안에 발가락까지 다 들어갔습니다. 그러나 발뒤꿈치가 너무 컸습니다. 그러자 어머니는 칼을 주며 말했습니다. "뒤꿈치를 잘라내. 왕비가 되며 걸어 다닐 일이 없을 테니까." 작은언니는 뒤꿈치를 베어냈고 신발에 발을 우격다짐으로 밀어넣었습니다. 작은언니는 너무 아파서 이를 악물고 왕자에게 갔습니다. 왕자는 작은언니를 신부로 맞이해 말에 태우고 떠났습니다. 개암나무 곁을 지날 때 비둘기 두 마리가 그 위에 앉아서 지저귀었습니다. "저기 봐, 저들이 온다. 신발 안에 피가 넘쳐. 신발이 너무 작아. 진짜 신부는 여태 집에 앉아 있는 걸."

왕자는 작은언니의 발을 내려다보았습니다. 피가 새하얀 양말을 완전히 빨갛게 물들이며 넘쳐 흐르는 것을 보았습니다. 그래서 말을 돌려 가짜 신부를 다시 집으로 데려갔습니다. 왕자는 "이 사람도 진짜 신부가 아닙니다. 다른 딸은 없습니까?"라고 물었습니다. 아버지는 "없습니다. 단지 죽은 전처가 낳은 쓸모없는 조그만 재투성이가 있기는 합니다. 하지만 그 아이가 신부일 리는 없어요"라고 말했습니다. 왕자는 재투성이를 데려오라고 말했습니다. 그러나 어머니가 대답했습니다. "안 됩니다. 그 아이는 너무 더러워서 눈에 띄면 안 돼요." 그렇지만 왕자는 꼭 재투성이를 보고자 했기에 소녀를 부르라고 했습니다. 재투성이는 손과 얼굴을 말끔히 씻고 왕자에게로 가서 고개를 숙여 인사를 했습니다. 왕자는 소녀에게 황금 신발을 넘겨주었습니다. 재투성이는 의자 위에 앉아서 무거운 나무 신을 벗고 황금 신을 신었습니다. 신은 꼭 맞았습니다. 소녀가 자리에서 일어나자 왕자는 그 얼굴을 보았습니다. 그리고 자기와 춤을 추었던 아름다운 소녀를 알아보고 소리쳤습니다. "이 사람이 진짜 신부입니다!" 새어머니와 두 자매는 놀라서 기겁을 했고 화가 나서 창백해졌습니다. 그러나 왕자는 재투성이를 말에 태우고 떠났습니다. 개암나무 곁을 지나갈 때 두 마리 비둘기가 지저귀었습니다. "저기 봐, 저들이 온다. 신발 안에 피가 없어. 신발이 작지 않아. 진짜 신부를 데려가는구나."

새들은 그렇게 소리치면서 나무에서 내려와 재투성이의 어깨 위에 앉았습니다. 한 마리는 오른쪽 어깨에, 다른 한 마리는 왼쪽 어깨에 앉아 날아가지 않았습니다.

왕자와 혼례를 올릴 때 못된 언니들이 와서 아양을 떨면서 재투성이의 행복을 나눠 가지려고 했습니다. 신랑과 신부가 교회로 갈 때 큰언니는 오른편에, 작은언니는 왼편에 서서 함께 갔습니다. 그러자 비둘기들이 그들의 눈을 하나씩 쪼아냈습니다. 교회 밖으로 나오자 큰언니는 왼편에, 작은언니는 오른편에 섰습니다. 그러자 비둘기들이 남은 눈을 쪼아냈습니다. 두 언니는 악독하고 못된 짓을 해서 평생 장님이 되는 벌을 받은 것입니다.*

---

* 이것은 『어른을 위한 그림 동화 읽기』(오이겐 드레버만 지음, 김태희 옮김, 교양인)에서 발췌한 이야기입니다. 일반적으로 알려진 신데렐라 이야기는 원전에서 중요하게 다루는 신데렐라와 엄마의 관계를 생략하고 있어 그림형제의 『어린아이와 가정을 위한 이야기』 1857년 제7판을 옮긴 위 책의 내용을 인용했습니다.

신데렐라 이야기는 엄마의 죽음에서 시작합니다. 어린 나이에 엄마를 잃은 가여운 아이가 신데렐라의 첫 번째 정체성인 것입니다. 이야기가 끝날 때까지 아버지가 살아있지만 신데렐라에게 아버지는 있으나마나한 대상입니다. 새 엄마와 언니들에게 괴롭힘을 당하며 재투성이로 지내는 동안에도 아버지는 흔적을 찾을 수 없었고, 무도회에서 왕자가 마음에 둔 소녀를 뒤쫓아 집으로 올 때마다 아버지는 그가 찾는 것이 막내라는 걸 알면서도 말하지 않았으며, 왕자가 황금신이 꼭 맞는 여인을 신부로 맞겠다고 할 때도 아무것도 하지 않았습니다. 그의 도움은 개암나무 가지를 꺾어다 준 것이 유일합니다.

신데렐라에게는 아버지뿐 아니라 새 엄마와 언니들까지 있습니다. 하지만 그녀들은 아버지의 방조 아래 신데렐라를 억압하고 착취하는 가해자일 뿐 다른 의미는 없습니다. 그래서 이 이야기를 읽는 첫 번째 키워드는 애착 대상을 상실한 신데렐라라고 할 수 있습니다.

가여운 신데렐라는 엄마의 빈 자리를 엄마의 말과 자신의 슬픔으로 메꿉니다. 날마다 엄마의 무덤을 찾아 눈물을 흘리고 엄마가 마지막으로 남긴 "경건하고 착하게 살아라"는 말을 붙들고 놓지 못합니다. 엄마를 그리워한 나머지 지나치게 동일시하여 자신을 잃어버릴 위기에 처한 것입니다. 집에서는 새 엄마와 언니들이 강요한 재투성이에 순응하여 '경건하고 착하게' 굴고, 오로지 무덤 앞에서만 자신으로 돌아오는데 그때도 슬픔에 젖어 엄마의 부재를 넘지 못합니다. 그림 형제의 신데렐라를 왕자를 통해 구원받는 무력한 여성으로 읽는다면, 그녀를 그렇게 만든 것은 엄마에 대한 지나친 동일시로 인한 착한 아이 콤플렉스일 것입니다. 그리고 그것이 신데렐라 읽기의 두 번째 키워드입니다.

그런데 무덤에 심은 개암나무 가지가 아름다운 나무로 자라면서 신데렐라의 엄마는 애도의 대상에서 조력자로 바뀝니다. 엄마의 분신이라 할 수 있는 개암나무와 거기 깃든 비둘기가 신데렐라를 적극적으로 돕기 시작하지요. 그들은 신데렐라가 소원을 빌면 그것을 들어주고, 언니들이 억지로 구두를 신고 왕자의 신부가 되려 할 때 그들의 거짓을 밝히며, 신데렐라를 괴롭힌 대가로 두 언니의 눈을 쪼아 응징합니다. 신데렐라의 의식적 욕구를 충족시키고 무의식의 욕망을 대신해서 실현해주는 것입니다.

신데렐라 이야기는 무엇보다 말 뜻 그대로 '재투성이'에 초점이 있습니다. 그녀는 혼자서 집안의 큰살림을 도맡아합니다. 물 긷고 불을 때 밥을 짓고 설거지하고 빨래하고 다림질하고 청소하고 장보기를 하루도 빠짐없이 해내야 하는 것입니다. 그것도 새엄마와 언니들의 구박과 멸시를 한 몸에 받아가면서요. 신데렐라는 부당한 고통에 희생당하는 갈데없는 피해자이며, 그것이 이야기의 세 번째 키워드입니다. 그래서 재투성이의 신데렐라로 극화를 하면 참여자가 스트레스 상황에서 어떻게 반응하는지 바꿔 말해 피해자 역할을 어떻게 연기하는지를 잘 볼 수 있습니다.

끝으로 신데렐라는 왕자와 결혼합니다. 엄마를 여의고 슬퍼하던 어린 신데렐라가 백마 탄 왕자와 사랑에 빠져 그의 아내가 됩니다. 그리고 그 과정에서 자연스럽게 딸로서 살던 집에서 나와 부모가 될 왕궁으로 옮겨갑니다. 결혼을 통해 어린 아이에서 어른으로, 자식에서 (장차) 부모로 탈바꿈하는 것입니다. 그 같은 독립과 성장이 신데렐라를 읽는 네 번째 키워드입니다.

그런데 그림 형제의 신데렐라의 맹점은 신데렐라의 독립과 성장이 거의 왕자의 힘으로 이루어진다는 데 있습니다. 물론 신데렐라도 재투성이의 무게를 감당했고 개암나무에게 소원을 빌어 무도회에 갔지만 그것만으로 제 몫을 다했다하기에는 크게 모자랍니다. 주인공이 과제를 수행하는 데는 조력자가 반드시 필요하지만 신데렐라의 경우에는 왕자가 조력자를 넘어 데우스 엑스 마키나(deus ex machina)처럼 일방적 구원자의 역할을 합니다.

02 이야기 쓰기

엄마를 잃은 상처 입은 아이 재투성이가 자신을 지킬 수 있는 어른으로 성장하는 데 초점을 맞춰 이야기를 쓴다면 이렇게 할 수 있습니다.

1) 신데렐라의 방

특정한 인물로 이야기에 들어가기 전에 치료사의 안내(guided fantasy)에 따라 신데렐라의 집을 마음으로 그려봅니다.

“여러분은 이제 관광객이 되어 예전 신데렐라가 살았던 집을 구경하러 갑니다. 신데렐라의 집은 도심 한가운데 있을 수도 있고 이웃이 드문드문 있는 교외에 있을 수도 있습니다. 숲이나 호수를 끼고 있을 수도 있고 인적 드문 산 밑일지도 모릅니다. 저기 집이 보이네요. 그 곳을 향해 천천히 걸어가세요. 문을 열고 들어갑니다. 대문에서 현관까지 한참 걸릴 수도 있고 문을 열자마자 집 안이 보일 수도 있습니다. 집안까지 들어갔으면 찬찬히 둘러보세요. 얼마나 넓은지, 전체적인 분위기는 어떤지, 손때를 많이 탄 곳은 어딘지, 가장 눈에 띄는 것은 무엇인지, 마음에 드는 것이 있다면 뭔지 살핍니다. 이제 새 엄마와 언니들이 들어온 후 신데렐라가 지냈던 방으로 가보겠습니다. 그 방은 다락방이거나 계단 밑이거나 혹은 안채와 떨어진 바깥에 있을지도 모릅니다. 신데렐라의 방이 보이면 안으로 들어가겠습니다. 어떤 세간살이가 있는지, 창은 있는지, 창이 있다면 거기로 어떤 풍경이 들어오는지를 보세요. 그리고 그 방 어딘가에 신데렐라가 아끼던 물건이 있습니다. 그게 무엇이고 어디에 있는지 찾아보세요. 충분히 보았으면 그것을 제자리에 돌려놓고 방에서 나옵니다. 그리고 왔던 길을 되짚어 천천히 신데렐라의 집을 빠져나옵니다. 처음 출발한 곳에 이르면 눈을 뜨고 지금 여기로 돌아오세요."

2) 구체화

신데렐라로 살기 위해서는 이야기의 행간을 참여자의 상상으로 메울 필요가 있습니다. 이야기 속 신데렐라는 몇 살인지, 엄마가 언제 어떻게 돌아갔는지, 아버지는 그 뒤로 얼마나 있다가 왜 재혼을 했는지, 이야기에서 아버지가 신데렐라를 돕지 않은 이유가 무엇인지 등을 차례로 질문하고 답하면서 신데렐라의 처지를 좀 더 뚜렷하게 그릴 수 있습니다.

3) 재투성이가 되어

재투성이로 살아봄으로써 상처 입은 아이인 신데렐라를 잘 느낄 수 있으며 참여자의 상처 입은 아이가 어떤 모습으로 나타나는지를 알 수 있습니다. 집단 작업일 경우 참여자들이 신데렐라, 새 엄마, 언니들, 아버지 등 장면에 필요한 인물을 나누어 맡아 극화할 수도 있지만, 여기서는 모두가 재투성이를 경험하는 것이 목표이기 때문에 그와 다른 방식을 취할 수 있습니다.

우선 참여자들이 무대 전체에 흩어져 자신의 공간을 확보하도록 합니다. 그 곳을 앞서 상상한 신데렐라의 방과 비슷하게 꾸밀 수도 있겠지요. 그런 다음 모두가 동시에 재투성이로서 궂은 집안일을 혼자 감당해야 했던 그녀의 일상을 살기 시작합니다. 다른 인물과의 상호작용은 상상 속에서 진행합니다. 새 엄마와 언니들이 하는 말은 마음으로 듣고 거기에 반응할 때는 소리를 내어 말하는 식으로요. 무대는 그렇게 각자의 상상을 사는 신데렐라들로 가득 찰 것입니다.

이때 치료사는 특정한 시간을 지정합니다. 오전 9시! 그러면 참여자들은 그 시간에 재투성이가 할 법한 일을 하면 됩니다. 누군가는 설거지를 할 수도 있고, 또 다른 재투성이는 빨아놓은 옷가지를 다릴 수도 있습니다. 그것을 어느 정도 지속한 다음에는 시간을 바꿉니다. 오전 11시! 그렇게 대략 2~3시간 간격으로 새로운 시간을 지정하면서 하루를 사는 것입니다. 그 하루가 저물면 "지금부터는 일요일입니다"라고 한 다음 같은 방식으로 다시 하루를 삽니다.

4) 이야기 새로 쓰기

재투성이의 일상을 경험하고 나서 신데렐라가 앞으로 어떻게 살게 될지 혹은 어떻게 살면 좋을지를 이야기로 씁니다. 이때 왕자를 만나 결혼하는 본래 줄거리를 따르지 않도록 제한하는 것이 중요합니다. 왕자에게 구원받지 않는다는 전제 아래 신데렐라가 스스로의 힘으로 어떻게 살아나갈 것인지를 새로 쓰는 것입니다.

그 독립의 과정에서 신데렐라는 여러 가지 과제를 완수해야 합니다. 안전을 확보하고 살아남는 것, 조력자를 찾는 것, 자신의 일을 갖는 것, 적절하게 복수하는 것까지 어느 하나 쉽지 않습니다. 하지만 이들 과제가 충족될 때 신데렐라의 진정한 성장이 가능하므로 그것을 준거로 삼아 이야기를 새로 쓰고 극화할 수 있습니다. 참여자에 따라 이야기를 새로 쓰는 것이 한 번으로 족할 수도 있고 변형과 극화를 여러 차례 반복해야 하는 경우도 있습니다.

상처 입은 아이인 신데렐라가 어른인 신데렐라로 성장하자면 조력자가 꼭 있어야 합니다. 그래서 이야기를 새로 쓰는 과정에서 참여자가 조력자를 잘 찾지 못한다면 있을 수 있는 도움의 가능성을 모두 끌어내도록 개입해야 합니다. 반대로 참여자가 조력자가 아닌 구원자를 내세워 이야기를 일사천리로 전개한다면 우선 극화를 통해 그것이 현실적이지 않음을 정확히 보게 하는 것이 필요합니다. 그런 다음 문제를 해결함에 있어 다른 인물에게 의존하는 대신 도움을 얻되 주인공의 몫이 결정적이도록 이야기를 고쳐 씁니다. 구원자와 조력자를 구분하도록 촉진하는 것입니다.

조력자와 구원자의 차이를 좀 더 살펴볼까요? 로버트 랜디는 『페르소나와 퍼포먼스』에서 조력자를 이렇게 설명합니다.

> "조력자는 도덕적이고 이기적이지 않으며 지지적이고 이타적이다. 이 유형은 좋은 친구이자 선한 사마리아 사람으로 나타난다. 조력자는 영웅이나 주인공이 여정을 따라 나아가도록 하거나 많은 난관 속에서도 충직함을 유지함으로써 어려운 상황에 처한 사람을 구한다. 조력자의 대표적 예로는 어리석은 주인의 안전을 보장하기 위해 모욕과 죽음의 위협을 무릅쓰는 '리어왕'의 켄트를 들 수 있다."

맞는 말입니다. 조력자의 기능은 정확히 주인공이 여정을 따라 나아가 과제를 수행하도록 돕는 것이며, 더 구체적으로는 그 과정에서 주인공을 방해하는 장애물을 적절히 다룰 수 있도록 돕는 데 있습니다. 다시 말해 '친구'나 '지혜로운 사람' 등 조력자로 구분된 역할이 따로 있는 게 아니라 주인공과 그의 과제와 거기 포함된 장애물의 구체적인 역동 속에서 필요한 역할이 조력자로 선택된다고 할 수 있습니다.

그런데 앞서 말한 것처럼 임상에서는 조력자 대신 구원자를 불러내는 경우를 흔히 볼 수 있습니다. 그림 형제의 신데렐라에서처럼 주인공은 아무것도 하지 않고 가만히 있는데 홀연히 나타난 인물이 방해자를 한 방에 해치우고 주인공이 해야 할 일까지 완수하면 주인공은 그 성과를 누리는 식이지요.

하지만 삶에서 그런 일은 일어나지 않습니다. 하늘은 스스로 돕는 자를 돕는다는 말이 있죠. 저는 그 하늘의 자리에 조력자를 바꿔 넣고 싶습니다. 조력자는 주인공의 의사와 무관하게 은혜로서 주어지는 구원이 아니라 주인공이 스스로를 도울 때 나타나는 도움임을 꼭 명심할 필요가 있습니다.

5) 조력자로

이야기의 변형이 잘 이뤄진 후에는 조력자로서 신데렐라의 여정을 다시 한 번 경험할 수 있습니다. 참여자는 그 과정에서 자신의 상처 입은 아이를 어떻게 돌봐야 하는지를 다시 한 번 경험하면서 새로 찾은 조력자 역할을 다질 수 있습니다.

03 활용 사례

L은 30대 전문직 여성이다. 6살 때 부모가 이혼한 뒤 엄마와 살다가 결혼하면서 남편과 주말 부부로 지내고 있다. 직장에서 사람들을 대하는 것이 심하게 불안해서 최대한 눈에 띄지 않게 처신하고 있으며, 사소한 행동 하나에도 어떻게 하는 게 좋을지 그렇게 하는 게

적절했는지를 끊임없이 검열하느라 하루가 긴장의 연속이다.

L은 엄마가 재혼했던 몇 년을 제외하고는 엄마와 둘이 살았는데 그녀의 엄마는 매일 술을 마셨고 술을 마시면 울면서 남편과 L과 세상을 비난했다. 내가 너 때문에 이렇게 힘들다고. 늘 엄마의 눈치를 살필 수밖에 없었던 L의 어린 시절은 살얼음판을 걷는 듯 불안했고, 그 와중에도 자칫하면 엄마가 버티지 못하고 죽어버릴 것 같아서 어쩔 수 없이 엄마의 보호자가 되어야 했다. 아버지는 한 달에 한두 번씩 만났지만 그때마다 아버지의 새로운 아내가 동석했고, 그 만남은 두 사람에게 자신이 잘 살고 있음을 검사 받는 면접 같았다.

L은 자신을 지배하는 감정이 우울과 무력감이라고 한다. 지금 하는 일도 원해서 택한 게 아니라 부모님의 강권에 따른 것이고 자격시험을 준비하는 동안에는 어린 시절의 기억이 수시로 떠올랐고 그때마다 죽고 싶었다. 지금도 직장에서 자신이 했던 말과 행동을 복기할 때마다 죽고 싶다는 생각이 들고 남편과 함께 있을 때도 종종 그 말이 입 밖으로 나와서 난처하다. 요즘은 죽고 싶다는 생각을 하루에 스무 번 정도 한다.

L의 말투와 표정은 시종 차갑고 건조하고 공허했다. 상담이 잘 진행될 경우 어떻게 변해있기를 기대하느냐 묻자 극적인 변화가 있을 거라고는 생각하지 않는다며 다만 낯선 환경과 관계에서 좀 더 편안해지면 좋겠다고 답한다.

지나친 불안과 자살사고에 시달리는 L의 증상은 적대적인 인간관계에 대한 두려움과 자신을 정서적으로 학대한 부모에 대한 분노가 만성적으로 억압된 결과라 할 수 있습니다. 그래서 이 사례에서는 L이 신데렐라 이야기를 따라가면서 부모에 대한 원망을 정확히 표현함으로써 재투성이의 자리에서 떠나 어른으로 성장할 수 있도록 안내했습니다. 이 상담에는 저와 참여자 그리고 임서후와 신향주 연극치료사가 도움치료사로 함께 했습니다.

스토리텔링

신데렐라가 처한 상황을 구체화할 수 있도록 몇 가지 질문을 했다. 신데렐라는 지금 몇 살인지, 엄마는 언제 어떻게 죽었는지, 아빠는 상처 후 얼마나 있다가 새 엄마와 재혼했는지, 아빠가 신데렐라의 고통에 대해 아무런 개입을 하지 않는 이유는 무엇인지 등.

L은 이야기 속 신데렐라는 18살이고 8살 때 엄마가 병으로 돌아가셨고 아버지가 2년 뒤에 재혼을 해서 새 엄마와 함께 산지는 8년째이며, 아버지는 본래 성정이 감성적이지 않아서 신데렐라가 자신의 어려움을 털어놓거나 도움을 청하기가 어렵다고 답한다.

신데렐라의 공간

무대에 신데렐라의 방을 만들게 했다. L은 오른쪽 귀퉁이에 베이지색 깔판을 놓고 흰색 망사와 연분홍색 천을 이불처럼 펼쳐 놓는다. 옆에 있는 의자는 혼자 밥을 먹을 때 식탁으로 사용한다. 넓은 면적을 차지하지 않지만 단순하되 소녀 느낌이 물씬 나는 공간이다.

재투성이의 일상

재투성이로 이틀을 살게 했다. L은 새벽 6시에 눈을 뜨지만 가만히 누워 있다가 8시가 되어서야 움직여 일을 시작한다. 식사, 청소, 빨래, 장보기 등 해야 할 일을 하되 최소한으로만 감당한다. 식구들과 전혀 대화를 하지 않고 식사도 약간 늦은 시간에 자기 방에서 따로 한다. 새 엄마가 싫은 소리를 하자 두어 번 눈을 크게 뜨고 노려본다. 비교적 일찍 잠자리에 들지만 자지는 않고 그냥 누워 있는 시간이 길다. 이틀째 되는 날에는 도저히 견딜 수 없다는 듯 집 밖으로 뛰쳐나갔다가 돌아온다.

장면을 마치고는 재투성이로 살면서 무엇보다 화가 나서 힘들었다고 했지만 그 분노를 노려보는 것 이상으로 드러내지는 않았다.

이야기 새로 쓰기

앞선 장면을 바탕으로 신데렐라가 그 뒤에 어떻게 살았을지를 이야기로 쓰게 했다. 단 왕자를 만나 결혼하는 것은 제외하고.

신데렐라는 10년 동안 조금씩 돈을 모았다. 어느 순간 집을 떠날 때가 왔음을 깨달았다. 그간의 삶에 지칠 대로 지쳐 있었고 억눌린 분노는 한계치에 달했다. 이젠 나가서 홀로 살더라도 자신을 지킬 수 있을 것이라는 생각이 들었다.

신데렐라는 인도로 떠났다. 인도에서 내킬 때까지 걷고, 내킬 때까지 명상하고, 자고 싶은 만큼 자고 먹고 싶을 때 먹었다. 발길 닿는 대로 여행을 계속했고, 길 위에서 많은 사람들을 만났고 그 중 누군가와는 사랑에 빠졌다. 지금은 오스트리아의 한 시골 마을에서 늙은 부부가 빵을 굽는 것을 도우며 산다.

이 정도라면 딱히 삶에 부족한 것은 없다고 느낀다. 가끔 아버지를 떠올리지만 그를 더 이상 미워하지도 원망하지도 않는다. 자신은 충분히 강하고 행복하기 때문이다.

10회기

가이아의 가면

조력자로서 신데렐라의 여정을 경험할 수 있도록 가면본과 여러 가지 재료를 주고 앞선 회기에서 나왔던 가이아*의 가면을 만들게

* 가이아(Gaia)는 그리스 신화에 등장하는 대지의 여신입니다. 가이아는 태초에 카오스에서 나왔고 가이아에게서 우라노스를 비롯한 세상의 모든 신들과 만물이 태어났

했다. L은 가면본을 찬찬히 들여다보더니 은색 반짝이 풀로 이마 가운데 십자를 그리고 두 눈 안쪽에 눈물 같은 모양을 찍은 다음 양쪽 입 꼬리에서 약간 거리를 두고 점 두 개를 찍는다. 그리고 레오파드 무늬 천을 스테이플로 고정시켜 긴 머리채처럼 장식한다. 단순하지만 자신이 원하는 대로 의미를 담아 가이아의 가면을 완성하고 마음에 들어 한다. 전에 만난 가이아는 자신의 색이 분명치 않고 좀 더 여성적이었다면 오늘 가면으로 만난 가이아는 자신의 색이 분명하고 중성적이면서 좀 더 강력한 느낌이라고 한다.

가이아의 가면

가이아의 움직임

가면을 쓰고 거울을 보며 가이아에게 어울리는 움직임을 찾아보라고 했다. 그런데 L은 움직이기보다 가이아에게 어울리는 자세를 찾는다. 벽에 기대어 양 팔을 팔 걸이 의자에 나른하게 놓은 채 다리를 옆으로 길게 뻗은 모양을 오랜 시간을 들여 찾아낸다. 밖에서 보기에 가이아의 자세는 성적이고 권위적인 느낌을 준다.

다고 합니다. 만물의 어머니인 셈입니다. L은 6회기에 마음의 지도를 그리면서 자신에게 필요한 조력자 역할을 찾아 가이아로 명명했습니다. 그리고 8회기 초기 기억의 변형 작업에서 엄마가 아빠에게 구타당하는 것을 지켜보며 극한 공포에 압도된 자신의 상처 입은 아이를 조력자 가이아의 도움을 받아 위로한 바 있습니다. 그래서 '신데렐라'에서도 그녀에게 익숙한 조력자 가이아를 먼저 불러냈습니다.

가이아로서 듣다

그렇게 앉은 가이아에게 지난 회기에 쓴 신데렐라의 이야기를 다시 읽어주었다. 그리고 이야기를 듣고 가이아로서 무엇이 하고 싶은지 물었다. L은 주저 없이 신데렐라를 대신해 '단죄'하겠다고 한다. 단죄의 대상은 새 엄마나 언니들이 아니라 아버지이고, 그가 어느 날 아침에 아무렇지 않게 신문을 읽고 있을 때 번개를 내리칠 것이며, 아버지는 번개를 맞는 순간 자신이 저지른 죄를 깨닫게 될 것이라고 한다. 신데렐라는 가이아가 아버지를 단죄한 사실을 아는지 묻자 모른다고 한다.

11회기

여정을 공간으로

신데렐라가 거쳐 가는 곳들을 그 느낌을 살려 무대에 표현하도록 했다. 출발점이 되는 신데렐라의 집은 작업 공간 안쪽의 사무실로 정한다. 인도는 직사각형 모양의 무대 가운데쯤에 주황색, 보라색, 노란색, 황금색의 천 네 개를 사각형으로 깔아둔다. 오스트리아는 무대 왼쪽 구석 공간을 사용한다. 거울에 꽃무늬 천을 붙여 화단을 나타내고, 그 앞에 작은 탁자를 놓는다. 탁자 좌우에 연두색과 형광 노란색 우산을 펼쳐 놓고 그 사이에 깔판 두 장을 가지런히 맞붙인다. 탁자에 각각 다른 색의 털실 뭉치와 작은 꽃바구니를 올린다.

집에서 나와 인도를 거쳐 오스트리아로 향하는 신데렐라의 여정을 조력자인 가이아가 지켜볼 것이라고 말한 뒤 가이아의 위치를 정하게 했다. L은 인도와 오스트리아 사이에 의자를 놓고 그 위에 가이아의 가면을 올려둔다.

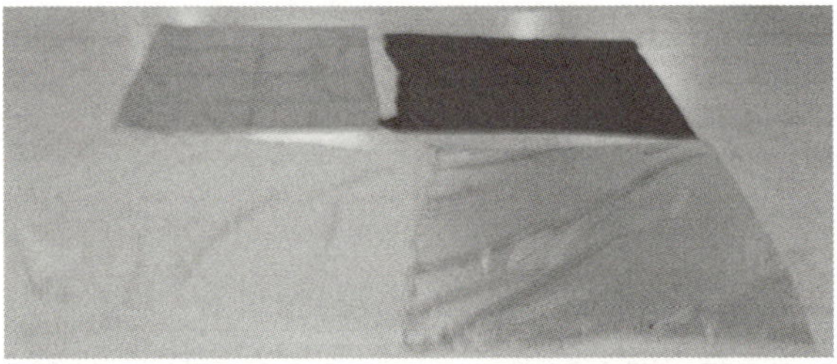

인도

오스트리아

신데렐라의 여정

L이 신데렐라로 혼자 여정을 살도록 했다. L은 가방을 챙겨 메더니 문가에 잠시 섰다가 길을 나서는 것으로 여정을 시작한다. 인도로 들어가기 전까지 그 주변을 천천히 돌며 먼 길을 거치는 과정을 표현한다.

인도에 도착해서는 먼저 황금색 천에 올라가 짐을 내려놓고 눕는다. 한참을 그렇게 누워 있다가 일어나 노란색 천으로 옮겨가 명상하는 자세를 취한다. 그리고 조금 후에는 다시 가방을 베고 잠이 든다. 잠에서 깬 뒤에는 주황색 천으로 이동한다. 거기서는 여러 사람과 어울려 흥겹게 술을 마신다. 모닥불을 피우고 그 주변을 돌며 춤을 춘다. "해가 지고 있어. 신난다"라며 큰 소리로 노래를 한다. 사람들이 돌아가고 마지막으로 보라색 천으로 간다. 거기서는 누가 옆에 있는 듯 마지막 잠시 누워 있다 일어난다.

L은 다시 가방을 메고 길을 나선다. 늙은 부부의 집에 도착한다. 집으로 들어가지 못하고 한참 서서 그 안을 바라본다. 나에게 "그냥 들어가서 살면 안돼요?"라고 물어서 가능하면 모든 과정을 겪어보라고 권했다. L은 호흡을 한 번 바꾸더니 가방을 한 쪽에 내려놓고 웃옷을 벗어서 그 위에 올려둔다. 깔판으로 올라가 화단의 꽃들을 매만진다. 책상에 있던 털실 뭉치의 감촉을 가만히 느끼더니 그것들을 가지런히 내렸다가 올리기를 몇 차례 반복한다. 노란 털실 뭉치를 한 손에 잡더니 마쳤다고 한다.

신데렐라의 여정을 마친 후에는 "살아있는 것 같아요"라고 말한다.

조력자로서

도움치료사가 L이 보여준 신데렐라의 여정을 모방하고 L은 조력자로서 신데렐라의 여정을 지켜보면서 도움이 필요한 순간마다 신데렐라를 지지하도록 했다. L은 가이아의 가면을 들고 있다.

신데렐라가 가방을 메고 집에서 나서려 한다. L은 낯선 듯 멀찌감치 서서 "떠나려나 보네!"라고 말한다. 신데렐라에게 가까이 가서 다시 한 번 말하도록 했다. L은 조금 전보다 큰 소리로 "넌 자유롭고 어디든 갈 수 있어. 어서 떠나. 신나겠다"라고 한다.

인도에 도착한 신데렐라에게는 "그동안 많이 힘들었지. 다리도 아플 텐데. 쉬어"라고 한다. 인도에서 충분히 머문 뒤 다시 길을 떠나려 할 때는 "어디로 갈까 망설여지지? 그러나 삶은 떠나고 싶을 때 떠나고 머물고 싶을 때 머무는 거야"라고 지지한다.

신데렐라가 늙은 부부의 집 앞에서 머뭇대는 것을 보고 L은 그녀에게 다가갔지만 할 말이 떠오르지 않는다고 한다. 가이아로서는 신데렐라가 늙은 부부의 집에 들어가든지 들어가지 않든지 크게 상관이 없으며 꼭 거기가 아니더라도 신데렐라는 잘 살 거라고 말한다. 그래서 신데렐라 역할을 하는 도움치료사에게 집으로 들어갈 수 있겠느냐고 묻자 고개를 가로젓는다.

나는 L에게 가이아의 역할을 벗고 신데렐라의 친엄마가 되어보자고 권했다. 신데렐라의 안위를 가장 염려하고 그녀가 잘 되기를 바라는 인물이 엄마일 것이기 때문에. L은 나의 제안을 수긍한다. 하지만 막상 친 엄마로서 신데렐라를 지지하도록 하자 L은 어찌 할 바를 모른다. 일단 신데렐라의 뒤에 서서 그녀의 어깨에 두 손을 얹도록 했다. 늙은 부부의 집 앞에서 들어가지 못하고 주저하는 신데렐라의 마음이 어떨지 물으니 L은 당황스럽고 혼란스러울 것 같다고 답한다. 그녀는 신데렐라의 두려움을 감지하지 못하고 있다. 그래서 도움치료사 신데렐라에게 물었다. 그녀는 들어가 머물고 싶은데 잘 안 될까봐 무섭다고 답한다. 이제 신데렐라의 마음을 알았으니 그 두려움을 녹일 수 있도록 지지하기를 권했지만 L은 여전히 적절한 말을 찾지 못하고 머뭇거리다가 말한다. “들어가 봐. 따뜻해 보여. 저런 화단을 가꾸는 걸 보면 분명히 좋은 사람들일 거야.”

내가 L의 어깨에 두 손을 얹고 그녀의 분신(double)이 되었다. “또 상처 받을까봐 무섭지. 하지만 누군가에게 보호받고 싶기도 하잖아. 고통도 사람에게서 오지만 기쁨도 사람에게서 오는 거야. 걱정하지마. 너를 해칠 사람들이 아니야. 네가 먼저 마음을 열고 다가가면 기꺼이 받아 줄 거야. 용기를 내!” 신데렐라의 조력자인 L은 분신으로서 내가 한 말을 다시 신데렐라에게 전달한다. 신데렐라가 눈물을 흘리자 L은 “신데렐라가 왜 우는 거죠?”라고 묻는다. 그래서 도움치료사 자신의 감정 때문일 수도 있고 다른 한편으로는 L이 잘 알아차리지 못하는 신데렐라의 마음이기도 하다고 얘기하니 금세 이해한다.

마지막으로 신데렐라가 빵을 구울 때 L은 친엄마로서 그녀를 지지한다. 무릎 꿇고 빵을 만지는 신데렐라의 어깨에 손을 얹고 “빵은 사람을 살리는 거야. 넌 이제 빵을 만들 수 있단다”라고 말한다.

가이아로서 아버지를 응징하다

조력자로서 신데렐라의 여정을 다시 살았고 이제 가이아로서 약속한 아버지에 대한 응징을 극화할 차례다. 먼저 신데렐라의 집으로 지정한 공간에 도움치료사를 배치하여 신문 보는 아버지 역할을 하게 했다. L은 가이아로서 그 장면을 지켜보며 무엇을 잘못했는지 모른 채 그저 살아가는 아버지가 한심하다고 말한다.

가이아는 계획한 대로 "그냥 죽어버려. 잘못을 통렬히 깨닫게 되겠지만 참회할 시간은 없지"라고 하며 번개를 던져 아버지를 응징한다. 아버지는 번개에 맞아 몸이 두 동강으로 쪼개지고 L은 비명을 지르며 죽는 아버지를 무덤덤하게 바라본다.

신데렐라로 죽은 아버지를 만나다

L은 가이아로서 아버지를 응징함으로써 부모의 책임을 방기한 것에 대한 분노를 표현했다. 하지만 오랫동안 기꺼이 엄마의 보호자를 자처해 온 L에게는 그런 부모를 불쌍히 여기는 마음이 있다. 그리고 그것이 신데렐라는 가이아가 아버지를 죽인 것을 모른다고 답하도록 이끌었을 것이다. 이제 '그럼에도 불구하고' 신데렐라로서 아버지와 아버지의 죽음을 애도할 필요가 있다.

먼저 쓰러진 아버지를 검은 천으로 덮어 무덤을 표현했다. L에게 죽은 아버지를 가장 불쌍히 여길 사람이 누구냐고 묻자 신데렐라라고 답한다. 그래서 가이아 역할에서 나와 신데렐라로서 죽은 아버지를 만나도록 했다. 시점은 오랜 시간이 흐른 뒤에 오스트리아에서 돌아와 아버지의 무덤을 찾은 것으로 정했다.

L은 집중이 잘 되지 않는다고 한다. 나는 L에게 늙은 부부의 공간으로 가서 가장 마음에 드는 털실뭉치를 골라 손에 쥐라고 했다. 그녀는 노란 털실뭉치를 가지고 천천히 아버지에게 걸어간다. 그리고 무덤 앞에 앉아 담담하게 말한다. "난 아빠를 사랑했고, 사랑하고 싶

었어. 그리고 최선을 다해서 아빠를 사랑하기만 했어. 우리 다음 생에 만나면 잘 살아봐요."

돌아보기

L은 자신에게는 신데렐라의 친엄마와 같은 대상이나 경험이 없어서 그 인물로 조력자의 역할을 하기가 어려웠다고 한다. 하지만 늙은 부부의 집 앞에서 했던 장면을 통해서 모르는 줄도 몰랐던 자신의 모습을 알게 되어 놀랍다고도 한다. 죽은 아버지의 무덤에서 한 말은 실제로 부모님에게 했던 말이고, 오늘 회기에서 너무 많은 일을 겪어서 진이 빠질 것 같다고 한다.

긴 고통에서 빠져나온 지 얼마 되지 않아 탈진 상태에 있던 L은 신데렐라의 여정을 통해 자신이 견뎌낸 것들과 자신을 버텨준 것을 돌아보고 살아남는 것을 넘어 사랑으로 가꾸어 갈 삶을 꿈꿀 수 있었습니다. 그리고 가이아로서 신데렐라의 아버지를 단죄함으로써 강박적 자살사고로 역전된 분노의 방향을 바로잡고 신데렐라로서 아버지의 죽음을 애도하면서 재투성이로 살았던 시절을 함께 보내줄 수 있었습니다.

행복한 왕자

평화로운 궁전에서 낮에는 뛰어놀고 밤에는 춤을 추며 살던 왕자가 있었습니다. 사람들은 그를 '행복한 왕자'라고 불렀지요. 평생을 그렇게 살던 왕자가 죽은 후 사람들은 그의 모습을 본떠 황금과 루비와 사파이어로 장식한 동상을 만들었습니다. 그리고 그 동상을 도시 한가운데 높은 기둥에 세워 놓았지요. 그곳에서 온 도시를 내려다보면서 행복한 왕자는 처음으로 도시의 불행을 마주하게 되었습니다.

그러던 어느 날 제비 한 마리가 날아왔어요. 제비는 따뜻한 남쪽 나라로 가야 했지만 갈대와 사랑에 빠져 때를 놓치고 뒤늦게 출발한 것입니다. 쉴 곳이 필요했던 제비는 동상에 앉아 잠을 청하려 했습니다. 그런데 갑자기 위에서 차가운 물방울이 떨어졌어요. 그것은 가난하고 불쌍한 사람들 때문에 마음이 아픈 행복한 왕자의 눈물이었습니다. 제비를 발견한 왕자는 자신의 몸에 붙어 있는 사파이어를 떼어 필요한 사람에게 갖다 주기를 부탁했습니다.

왕자의 말을 듣고 제비는 망설였습니다. 서둘러 다른 새들을 따라가야 따뜻한 곳에서 겨울을 날 수 있으니까요. 하지만 왕자의 간절한 부탁에 남쪽으로 가는 것을 잠시 미루고 돕기로 했습니다.

그래서 왕자의 한쪽 눈에 박힌 사파이어를 떼어 배고픔과 추위에 글도 쓰지 못하고 정신을 잃은 가난한 극작가에게 전해주었습니다. 다음 날은 아버지에게 맞지 않도록 다른 쪽 눈의 사파이어를 성냥 파는 소녀에게 주었습니다. 또 그 다음 날에는 부모에게 버림받고 거리를 헤매는 아이들을 위해 왕자의 몸에서 황금을 벗겨내어 가져다주었습니다.

그렇게 가엾은 사람들을 도와주는 동안 행복한 왕자의 동상은 흉측한 무쇠

덩어리로 변했고 하루하루 출발을 미루던 제비는 결국 추위를 견디지 못하고 얼어 죽고 말았습니다.

보석으로 치장한 행복한 왕자를 보며 아름답다고 칭송했던 사람들은 흉측해진 왕자는 더 이상 쓸모가 없다며 철거해 불에 녹여버렸습니다. 하지만 그 도시에서 가장 귀한 것 두 가지를 가져오라는 하나님의 명령에 천사는 왕자의 쪼개진 심장과 죽은 제비를 데리고 하늘로 올라갔습니다.

도시 한가운데 금빛으로 빛나는 젊은 왕자의 조각상이 주인공입니다. 그는 행복한 왕자라 불리지만 실은 그렇지 않았습니다. 언제부터 거기 있었는지는 모르겠지만 비가 오나 눈이 오나 한 자리에서 우두커니 섰는 것 말고는 할 수 있는 게 없어 사는 게 퍽 지루했지요. 사방이 뻥 뚫린 감옥에 갇힌 그의 삶에 유일한 낙은 사람들이 사는 모습을 지켜보는 것이었습니다.*

제게 오스카 와일드의 행복한 왕자는 잊힌 사람의 이야기로 느껴집니다. 도심 한복판에 빛나는 조각상으로 기념되지만 사실 그는 거리를 완성하는 하나의 풍경일 뿐 누구도 그 이상으로 그를 주목하지 않으니까요. 오히려 휘황한 보석으로 장식된 외모와 도심 중앙의 높은 곳이라는 위치 그리고 행복한 왕자라 불렸던 그의 이전 삶이 산 것도 아니고 죽은 것도 아닌 지금의 삶을 더욱 애처롭게 합니다.

아침부터 저녁까지 쳇바퀴 굴리듯 비슷한 일상인 것 같지만 그 속에는 엄마 품에만 안겨 있던 아기가 어느 날 갑자기 걸음마를 시작하고 동네 처녀에게 마음을 빼앗겨 그 집 앞을 서성이던 수줍은 젊은이가 전쟁에 나가 돌아오지 못하는 기막힌 변화들이 복병처럼 숨어 있었습니다. 그런데 시간이 지나면서 거기에도 맘 붙이기가 어려워졌습니다. 행복한 왕자가 할 수 있는 건 지켜보는 것뿐인데, 하루하루 살아

* 여기서 작은 글씨로 이어지는 이야기는 '행복한 왕자'의 줄거리를 제가 다시 쓴 것입니다. 실제로 임상에서 이야기를 쓸 때마다 치료사가 이렇게 할 필요는 없습니다. 하지만 이야기의 분석과 활용은 어쩔 수 없이 치료사의 경험과 관점에 좌우된다는 점에서 이야기를 다시 써보는 것은 치료사가 자신의 이해를 구체적으로 확인하는 데 도움이 됩니다.

내기가 힘겨운 사람들이 눈에 들어오기 시작했거든요. 앓아누운 아들을 곁에 두고 손에서 피가 나도록 바느질을 하지만 약 지을 돈이 없어 눈물을 흘리는 어머니가 있는가 하면, 날씨는 추워지는데 온기 한 점 없는 방에서 책상 앞에 웅크린 채 글을 쓰지 못하는 작가 지망생도 있었고, 팔아야 할 성냥을 실수로 물에 빠뜨리고는 아버지에게 맞을까봐 집으로 가지 못하고 거리를 헤매는 소녀도 있었습니다.

행복한 왕자는 높은 곳에서 도시를 내려다보면서 새로운 경험을 합니다. 전에 알지 못했던 고통스러운 삶과 사람들을 만나게 되었지요. 만일 그가 잊힌 사람으로 거기에 있지 않았다면 보아도 느낄 수 없는 아픔이었을지도 모릅니다. 그러나 그의 상처가 슬픔의 문을 열어 다른 사람의 고통에 감응하게 했습니다. 그렇게 다른 사람들에게 마음을 주면서 그는 더 이상 자신의 처지에 괴로워하지 않게 되었습니다. 어떻게 하면 저들을 도울 수 있을까 고심하는 그의 하루는 전과 달랐거든요. 이제 '누군가에게 잊힌 사람'이 아니라 '누군가를 기억하는 사람'이 된 것입니다.

마음이 아파 오래 지켜보지도 그렇다고 외면하지도 못한 채 눈물이 그렁한 그의 곁에 낯선 제비 한 마리가 찾아 들었습니다. 어쩌다 남쪽으로 날아가는 무리에서 떨어져 헤매다 하룻밤 묵기에 적당한 곳으로 행복한 왕자가 눈에 띄었나 봅니다. 둘이 어떤 인사를 주고받았을까, 금세 편안하고 따뜻한 얼굴이 된 제비에게 행복한 왕자가 부탁을 합니다. "제비야, 너는 뜻대로 날 수 있어 참 좋겠다. 내가 한참 전부터 꼭 하고 싶은 일이 있는데 혼자서는 어쩔 도리가 없어서 기도만 했거든. 그런데 네가 이렇게 내 앞에 나타나서 얼마나 좋은지 몰라. 너 혹시 내 칼자루에 박힌 루비를 떼어낼 수 있겠니? 그걸 저기 언덕 아래 빨간 지붕 집에 사는 엄마에게 가져다줄래? 여섯 살 된 아이가 며칠째 열이 끓는 데도 약도 못 먹고 있거든."

> 제비는 갈 길이 먼데다 낯선 곳을 헤매느라 피곤했지만 엄마와 아이의 사연이 딱하기도 하고 왕자의 간절한 눈빛에 마음이 움직여 부탁을 들어주기로 했습니다. 그런데 막상 하려니 어느 하나 쉽지가 않았습니다. 단단히 박아 놓은 것을 떼느라 부리에 피가 맺혔고 주먹 만한 루비를 물고 멀리 나는 것도 힘들어 몇 번을 쉬었다 다시 날아올라야 했지요. 그래도 열이 내린 아이와 엄마가 환하게 웃는 모습을 보니 제비도 왕자만큼이나 기분이 좋았습니다.

행복한 왕자에게 조력자가 나타났습니다. 어쨌도 붙박이 신세인 왕자에게 자유자재로 하늘을 나는 제비가 찾아들다니 왕자는 얼마나 반가웠을까요? 왕자는 성심을 다해 제비에게 부탁을 합니다. 왕자가 줄 수 있는 것은 하룻밤 묵을 안전한 장소뿐이었지만 일단 부탁을 들어주기로 한 제비는 도움의 크기를 비교하지 않습니다. 그리고 조력자인 제비 덕분에 본격적인 변화가 일어납니다. 아픈 아이가 낫고 행복한 왕자는 루비 대신 기쁨을 얻고 제비는 수고와 보람을 맞바꿉니다.

왕자가 '잊힌 사람'이라면 제비는 '뒤쳐진 사람'이라 할 수 있습니다. 살기 위해서는 무리와 함께 따뜻한 남쪽 나라로 날아가야 하는데 무슨 까닭인지 거기서 낙오해 혼자가 되었지요. 제비가 오래 생각하지 않고 왕자의 부탁을 들어주었다면 그것은 그가 '뒤쳐진 사람'의 두려움과 외로움을 잘 알았기 때문일 것입니다. 고통의 연대입니다.

> 그런데 그게 끝이 아니었습니다. 다음 날이 되어 작별 인사를 하려는 제비에게 왕자는 비슷한 부탁을 했습니다. 이번에는 두 눈이 되어 준 사파이어를 가난에 좌절한 작가 지망생에게 가져다주라는 것이었지요. 하루가 다르게 날은 추워지고 혼자 먼 길을 따라갈 생각을 하니 불안했지만 다른 사람에게 제 눈을 주겠다는 왕자 앞에서 차마 발이 떨어지지 않았습니다.
>
> 제비는 물었습니다. "사파이어를 다 주면 넌 어떻게 하려고? 꼼짝

할 수 없어 감옥에 갇힌 거나 다를 바 없다더니 이제 볼 수도 없는 칠흑 같은 감옥으로 가려고?" "네가 도와준다면 그렇게 하고 싶어. 보이지 않아도 오늘은 내 곁에 네가 있고 너와 얘기할 수 있으니 괜찮아. 사람들이 그의 책을 읽는 소리를 듣고 싶어."

피맺힌 부리가 채 낫지도 않았지만 제비는 날이 저물기 전에 부지런히 사파이어를 떼어 젊은이의 창가에 물어다 놓고 왔습니다. 그리고 밤이 되어 그의 굴뚝에 연기가 피어오르는 광경을 왕자에게 자세히 들려주었습니다. 왕자는 밤새 자신의 어깨에서 잠든 제비의 숨소리를 들으며 행복했습니다.

제비는 이제 행복한 왕자의 친구입니다. 둘은 서로를 발견하고 상대의 필요를 채워줄 뿐 아니라 상대를 이해하고 아끼며 함께 있음을 기뻐하는 사이가 되었습니다. 친구를 위해 제비는 서둘러야 할 길을 하루 더 미루고 보석을 떼어 나르는 수고를 불사합니다. 행복한 왕자에게는 가난한 작가 지망생을 돕는 것도 큰 기쁨이었겠지만 제비를 친구로 얻은 것이 어쩌면 더 귀했을지 모릅니다. 행복한 왕자는 그 어느 때보다 충만합니다. 그리고 감사합니다.

날이 밝자마자 떠날 채비를 하는 제비에게 왕자가 말했습니다. "제비야, 나한테 남은 게 하나 있어. 내 몸에 붙어있는 금박, 이걸 떼어 성냥 파는 아이에게 전해줄래? 네가 갈 길이 급한 건 아는데 내 마지막 부탁이니 들어주면 정말 고마울 거야. 하지만 네가 지금 떠난다 해도 나는 너를 오래 기억하고 그리워할 거야. 사랑하는 친구야." 제비는 슬펐습니다. 온 몸에 힘이 쭉 빠졌습니다. 차고 메마른 바람이 등을 떠밀듯 지나갔습니다. 한참 아무 말도 없이 왕자의 빈 눈을 바라보던 제비가 움직이기 시작했습니다. "금박마저 벗겨내면 사람들이 널 없애려 들지도 몰라. 흉하다고. 넌 행복한 왕자잖아." "제비야, 고마워, 진짜로. 난 지금이 그 어느 때보다 행복하니까 내 걱정은 안 해도 돼. 어서 금박을 벗겨서 아이에게 주고 해지기 전에 남쪽으로 떠나.” 종일 금박을 벗긴 제비는 성냥 파는 아이의 바구니에 모은 금을 떨어뜨리고 돌아와 눈물자국 가실 날 없던 아이의 얼굴이 꽃처럼 피어나는 모습을 왕자에게 들려주었습니다. 날이 어둑해질 무렵 왕자의 알몸을 덮어주려는 듯 하늘에서 눈이 내리기 시작했습니다. 뒤쫓던 겨울이 성큼 앞서 버린 것입니다. 제비는 왕자의 턱 밑으로 들어가 웅크렸습니다. 왕자는 가만가만 자장가를 불렀습니다. 바느질하는 엄마가 아이를 재울 때 하던 노래였죠.

행복한 왕자와 제비는 어떻게 살 것인지를 선택합니다. 금빛으로 빛나며 ‘행복해 보이는 왕자’의 역할을 떠안고 빈 껍데기로 살 것인지 자신에게 주어진 것을 남김없이 쓰고 버려질 것인지. 왕자는 행복해 보이기를 멈추고 진짜 행복하기로 했습니다. 왕자의 결정은 제비에게도 무거운 질문을 던집니다. 어떻게 죽을 것인가? 그 물음에 제비는 마지막 순간까지 왕자의 친구로 살겠다고 답합니다. 제비는 그렇게 매 순간 가장 중요한 역할이 무엇인지를 선택함으로써 자신이 누구인지를 증명해왔습니다.

다음 날 눈이 녹자 금박이 벗겨진 왕자의 상 주변에 사람들이 모여 웅성거리더니 며칠 지나지 않아 조각상의 철거가 결정되었고, 그 일을 하러 온 인부들이 행복한 왕자의 어깨에서 얼어 죽은 제비 한 마리를 발견했습니다.

왕자와 제비는 이제 더 이상 잃을 것이 없게 되었습니다. 둘의 이야기는 엔트로피의 법칙을 여실히 보여줍니다. 휘황하게 치장된 조각상이었던 행복한 왕자는 보석이 하나씩 사라지면서 나중에는 붉은 쇳덩이로 변하고 급기야 철거되어 뜨거운 쇳물이 됩니다. 제비 역시 처음에는 함께 하던 무리를 잃고 나중에는 힘차게 비상하던 날개마저 굳고 차가운 시체로 남았습니다. 하지만 이들의 상실은 주체가 다른 대상을 위해 그것을 자발적으로 선택했다는 점에서 처연하기보다 아름다운 희생으로 느껴집니다. 행복한 왕자도 사라지고 제비도 사라졌지만 그들이 나눈 사랑은 도움을 받은 사람들에게로 이어져 또 다르게 퍼져 나갈 것입니다.

행복한 왕자는 단순한 이야기이지만 그 안에 행복, 사랑, 희생, 상실이라는 커다란 주제를 고루 담고 있습니다.

02 이야기 쓰기

1) 행복한 왕자의 전사

동상이 되기 전 행복한 왕자의 삶과 죽음을 상상할 수 있습니다. 어떻게 살았고 언제 어떻게 죽었으며 누가 왜 동상을 만들어 세웠는지를 구체화하며 참여자가 행복한 왕자에게 어떤 역할을 투사하는지 볼 수 있습니다.

2) 행복한 왕자의 일상

살아있는 사람이 아니라 관상용으로 제작된 행복한 왕자를 잘 이해하기 위해서는 동상의 일상을 살아볼 필요가 있습니다. 집단 상담의 경우에는 참여자들이 행복한 왕자와 그밖에 인물을 나누어 맡아 장면을 만들 수도 있고, 모두가 동시에 행복한 왕자가 될 수도 있습니다. 후자의 방식으로 극화할 때는 치료사의 안내에 따라 상상을 시각화하되 봄, 여름, 가을, 겨울, 다시 봄의 순으로 계절의 변화를 하루씩 경험하도록 안배하면서 성탄절과 새해 아침 등의 특별한 날을 배치합니다.

3) 제비의 이야기

행복한 왕자를 이끄는 또 하나의 주요 인물인 제비의 이야기를 듣는 것이 중요합니다. 제비는 왜 무리에서 떨어졌을까? 제비는 왜 행복한 왕자에게 왔을까? 처음에 행복한 왕자의 부탁을 들어준 이유는 무엇일까? 왜 남쪽나라로 떠나지 않고 왕자 곁에 남기로 결정했을까? 제비는 어떻게 마지막을 맞았을까? 이런 질문을 통해 참여자가 제비를 구체화하도록 도울 수 있습니다.

4) 행복한 왕자와 제비

이 이야기의 중요한 주제 중 하나는 행복한 왕자와 제비의 관계입니다. 둘의 첫 만남은 우연히 시작됩니다. 그런데 이내 서로를 알아보고 도움을 주고받으며 그것을 반복하면서 나중에는 마지막을 함께 하는 친구가 됩니다. 두 인물이 서로를 어떻게 이해하게 되는지, 무엇이 이들을 한마음으로 묶는지, 이들이 서로에게 어떤 의미로 남는지를 탐험할 수 있습니다.

5) 누구를 어떻게 도울 것인가?

행복한 왕자가 동상으로서의 삶을 잘 살기 위해 선택한 방법은 몸에 장식된 보석을 가난한 사람들에게 전부 나누어주는 것이었습니다. 오스카 와일드는 삶의 의미가 결국 자신이 가진 것 혹은 받은 것을 다른 사람과의 관계 속에서 어떻게 쓰는가를 통해 찾아지는 것임을 그렇게 얘기하고 있습니다. 그런 측면에서 행복한 왕자로서 어떤 이유로 어떤 사람을 어떻게 도울 것인지 상상하여 극화할 수 있습니다.

6) 끝을 받아들이기

행복한 왕자는 모든 것에 끝이 있음을 이야기합니다. 우리가 쓸 수 있는 자원에도 한계가 있고 관계에도 끝이 있으며 언제까지나 이어질 것 같은 삶도 반드시 끝납니다. 그리고 그 끝이 있기에 의미도 가능해집니다.

행복한 왕자가 붉은 쇳덩어리로 녹슬어 버려지고 남쪽나라를 꿈꾸던 제비가 얼어 죽는 장면과 그 뒤로도 큰 빈 자리 없이 돌아가는 세상을 극화할 수 있습니다.

03 활용 사례

K는 50대 중반 여성이다. 슬하에 두 딸을 두고 있고 남편과는 1년째 별거하면서 이혼소송 중이다. 그녀는 자신이 정상적인 혼인 관계가 아닌 부모에게서 태어난 것과 배다른 형제가 많은 것을 매우 수치스럽게 여겼고, 그런 자신의 흠을 감추기 위해 이혼 경력이 있는 배우자와 결혼했다. K는 결혼 생활을 지속하는 동안 흠 없는 가정을 꾸리기 위해 최선을 다했는데 남편의 외도로 평생의 노력이 물거품이 되었고 '이혼녀'로 전락하게 되었다며 극단적인 분노와 무력감을 호소한다. 그리고 20대의 두 딸이 자신에게서 멀어지는 것을 받아들이지 못해 혼란스러워한다.

K는 어릴 적부터 주변의 눈치를 살펴 비위를 맞추는 게 버릇이어서 자신의 감정이나 욕구에 솔직하지 못했는데, 남편도 없고 아이

들도 멀어지니 자신이 무엇을 원하는지 더욱 모르겠다며 상담을 통해 자기 자신을 정확히 알고 당당해지면 좋겠다고 한다.

K의 사례에서는 혼외자라는 자신의 출생에 대한 수치심과 외도와 이혼을 반복한 아버지에 대한 양가감정을 다루는 것이 중요했습니다. 그리고 신뢰와 교감 대신 상대의 필요를 채워주는 외적 행위로만 자신의 존재를 인정받고자 하는 관계 방식 또한 주된 이슈였습니다. '잊힌 사람'과 '뒤쳐진 사람'이라는 역할이 K의 감정을 잘 나타내고 왕자와 제비의 관계를 통해 신뢰와 교감을 경험하는 것이 필요하겠다는 판단으로 이 이야기를 극화했습니다. 이 사례에는 참여자와 저와 김소진 연극치료사가 도움치료사로 함께 했습니다.

13회기

스토리텔링

K는 처음 듣는 이야기라며 흥미로워한다. 그리고 행복한 왕자와 제비의 마지막이 가슴 아프다고 한다.

행복한 왕자의 전사

행복한 왕자가 생전에 어떻게 살았고 사람들이 왜 그를 동상으로 만들었는지 그려보게 했다. K는 그가 왕실의 둘째 아들로 여러 면에서 맏이보다 뛰어났지만 차남이라 왕위를 계승할 수 없어 아쉬워했다고 한다. 그가 가장 행복한 장면은 형제들과 신나게 노는 것을 지켜본 어머니가 자신의 자질과 능력을 인정해준 순간이며, 가장 불행한 장면은 왕국의 독립을 위해 전장에 나가기로 결정한 순간이다. 23살인 왕자는 그때 죽음을 예감했지만 왕이 아닌 왕자로서 백성들에게 기억될 수 있는 기회라 여겼다. 왕자 덕분에 왕국은 독립을 이루었고 그것을 기념하기 위해 광장에 동상을 세웠다고 말한다.

행복한 왕자의 1년

행복한 왕자의 동상으로 1년을 살아보았다.

K는 은빛별이 그려진 천을 몸에 두르고 선다. 행복한 왕자로 가장 행복한 순간은 독립기념일에 가난한 동네의 한 소녀가 꽃 한 송이를 들고 와서 놓고 간 장면이다. 그때 왕자는 '사람들이 행복해하는 모습을 보니 내가 죽은 보람이 있구나'라고 생각한다. 왕자는 사람들이 자신을 향해 환한 미소를 지으며 "왕자님 고맙습니다"라고 말해주기를 원한다. 가장 힘든 순간은 꽃을 준 소녀가 다 쓰러져가는 집에 사는데다 병으로 몸져누운 어머니가 있는 걸 알게 된 장면이다. 왕자는 '내가 해 줄 수 있는 게 없어 마음이 아프다'고 생각한다.

돌아보기

목숨을 바쳐 백성을 돕는 왕자의 동기를 물었다. K는 사랑이라고 한다. 행복한 왕자의 전사를 그렸을 때 그가 장남이 아니라 왕이 될 수 없는 걸 안타까워했음을 상기시키자 사랑이 아니라 자신의 존재를 알리기 위해 사람들을 도운 것이라고 고쳐 말한다. 그래서 인간의 어떤 사랑도 순수하게 이타적일 수 없으므로 사랑에 내포된 이기적인 욕구를 볼 수 있어야 함을 설명했다. K는 자신이 결혼 생활 내내 남편과 자녀들에게 헌신했던 것도 가족에 대한 사랑이면서 동시에 '좋은 아내이자 엄마'라는 타이틀로 혼외자의 흠을 지우려는 이기적 행동이기도 하다는 사실을 이해하고 수긍한다.

제비

'뒤처진 사람'의 역할을 구체화하기 위해 몇 가지 질문으로 제비의 역사를 그려보았다. 제비는 왜 무리에서 떨어졌을까? 늙고 기력이 쇠해서 점점 뒤처지다가 무리를 놓쳤다. 제비는 왜 행복한 왕자에게 왔을까? 눈에 잘 띄는 곳에 있었고 그 곁에서는 편히 쉴 수 있을 듯했다. 처음에 행복한 왕자의 부탁을 들어준 이유는 무엇일까? 왕자가 하려는 일이 의미 있고 좋은 것이라서 망설이지 않았다. 왜 남쪽나라로 떠나지 않고 왕자 곁에 남기로 결정했을까? 살날이 얼마 남지 않은 것을 알았고 그래서 무리를 찾아가기보다 왕자를 돕는 것이 더 의미 있다고 여겼다. 행복한 왕자는 제비의 그런 마음을 알았을까? 제비가 무리를 찾아 떠나지 않으면 힘들어질 것을 짐작하기는 했지만 정확히 알지는 못했다. 제비는 어떻게 마지막을 맞았을까? 행복한 왕자에게는 도움 받은 사람들이 어떻게 지내는지 보고 오겠다고 말한 다음 다른 곳으로 멀리 가서 죽었다. 제비가 바라는 것은 왕자가 자신을 잊지 않는 것이다.

제비로

편안하게 누워 앞서 그린 제비의 삶을 상상으로 살았다. K는 왕자의 보석을 떼어 불쌍한 사람들에게 갖다 주었을 때가 가장 행복했고, 혼자 죽음을 맞았을 때 가장 힘들었다고 한다. 제비로서 정말로 그렇게 죽기를 원하느냐고 물으니 그런 죽음이 의미는 있지만 살고 싶은 마음이 든다고 한다. 그래서 제비가 죽지 않고 살아남는 이야기를 새로 만들게 했다.

제비가 죽지 않도록

K는 제비에게 도움을 받은 사람 중 한 명이 죽어가는 제비를 거두어 겨울을 나게 해준다는 이야기를 만든다. 그 같은 변형은 제비가 구원자에게 일방적으로 도움을 받는 것임을 설명하고 제비가 스스로의 힘으로 죽지 않는 결말을 가져오도록 안내했다. K는 다시 제비가 너무 늦지 않게 무리를 찾아 떠나도록 한다. 왕자에게 지금 떠나지 않으면 겨울을 날 수가 없다고 하고 다음 해 봄에 다시 올 것을 약속한 뒤 떠나는 이야기로 고친다.

극화

1) 제비로서

K가 제비를 연기하고 행복한 왕자를 도움치료사가 연기했다. K는 왕자에게 기력이 쇠하여 쉬기 위해 왔다고 말한다. 그런데 말과 달리 전혀 쉬지 않고 쫓기듯 계속해서 움직인다. 왕자가 충분히 자신의 상황을 설명하고 부탁하기도 전에 불쌍한 사람을 얘기를 꺼내자마자 먼저 돕겠다고 나선다. 보석에 잘 떼어지지 않아 부리에 피가 나는데도 멈추지 않는다.

그래서 STOP! 장면을 멈춘 다음 본래 이야기를 상기시키면서 제비로서 일단 충분히 먹고 쉬도록 했다. 장면을 다시 시작하여 일삼아 먹고 쉬기는 했지만 K는 여전히 왕자와 교감하거나 소통하는 것보다 보석을 전하는 일에만 매달린다.

이틀 동안 곁에 머무른 후 떠나려하자 행복한 왕자가 외롭다며 제비를 붙잡는다. 그런데 K는 “왕자님은 외롭지 않아요. 못한 일은 내년 봄에 돌아와서 마저 할게요”라고 반응한다. 왕자의 말을 듣지 않고 오히려 그의 감정을 단정하고 있음을 반영했다. K는 자신의 특징적 반응을 자각하지 못하다가 그 말을 듣고서야 또 그랬다는 것을 알아차린다.

2) 왕자로서

역할을 바꾸어 K가 행복한 왕자를 연기했다. K는 제비가 피곤해하며 하품을 하지만 그것을 알아차리지 못하고 계속 말을 시킨다. 또 제비가 자신을 돕는 게 당연하다는 듯 마치 시종을 부리듯 한다. 그러자 제비는 왕자에게 마음을 주지 못하고 행복한 왕자가 무섭고 일도 돕기 싫다며 떠난다.

장면을 마친 후 제비를 연기한 도움치료사의 느낌을 확인하면서 둔감하고 일방적인 K의 소통 방식을 반영했다.

돌아보기

K 역시 제비처럼 죽지 않고 살아남아야 한다는 것 그리고 사람을 돕고자 하지만 마음을 나누고 관계 맺는 데는 상당히 서투르며 지나치게 행위 중심임을 기억하자고 말했다.

20회기

극화

15회기부터 19회기 사이에 K는 상처 입은 아이의 아픔을 사실적으로 직면하고 지지한 후 조력자의 관점에서 현재와 미래를 설계했다. 그리고 20회기에는 전체 상담의 종결을 위해 자전 공연*을 진행

---

* 자전공연(autobiographical performance)은 참여자가 자신이 살아온 삶을 원하는 방식으로 상연하는 것입니다. 공연하는 사람이 자기 자신과 자신의 삶에 관한 어떤 내용을 극적으로 표현하되, 희곡을 쓰거나 연출을 하거나 연기를 하거나 무대를 만들거나 음악과 음향과 조명을 쓰는 것을 모두 자신이 책임지는 형식입니다. 연극치료에서 자전공연은 참여자가 무대의 힘을 빌려 자신을 피해자의 자리에서 일으켜 세워 주인공으로 변형하도록 촉진하는 중요한 치료적 구조입니다.

할 예정이었다. 그런데 K가 자전 공연에 앞서 행복한 왕자와 제비의 장면을 다시 한 번 극화하고 싶다고 했다.

1) 제비로서

마지막 보석이 남아 있지만 더 미루면 제비가 남쪽 나라로 갈 수 없는 상황이 되었다. 제비는 왕자에게 다음 날 남쪽 나라로 가겠다고 한다. 함께 있고 싶지만 더 지체하면 얼어 죽을 것이기 때문에 떠나야 한다고 말한다. K는 전과 달리 일방적으로 결정을 통보하는 대신 왕자의 눈을 보며 섭섭함을 함께 느끼려 애쓴다. 제비는 행복한 왕자 곁에서 하룻밤을 자고 다음 날 남은 보석을 가난한 할머니에게 전해 준 후 떠난다.

2) 왕자로서

행복한 왕자로서 사랑하는 제비를 떠나보내는 역할을 경험하도록 했다. K는 제비가 준 행복과 사랑에 대해 고마움을 전한다. 그리고 보내기 싫음을 솔직하게 말하고 그럼에도 떠나보낼 수밖에 없는 상황을 받아들인다.

제비가 봄에 다시 돌아오겠다는 약속을 남기고 떠난 후 봄이 오기까지 행복한 왕자가 어떻게 살 것인지를 상상 속에서 경험했다. K는 예상보다 담담하게 제비가 없는 일상을 받아들인다.

K에게 행복한 왕자의 이야기는 명징한 거울이 되어주었습니다. 사랑의 외피에 숨겨둔 이기심과 헌신이라 믿었던 일방적 소통이 행복한 왕자와 제비를 살면서 여과 없이 드러났고, K는 그것을 아프게 받아들여 다시 행복한 왕자와 제비의 관계를 자신에게 솔직하고 상대에게 귀 기울이는 연습의 계기로 삼았습니다.

복숭아 동자

옛날 옛적 어느 마을에 할아버지와 할머니가 살고 있었습니다. 할아버지는 산에 나무하러 가고 할머니는 냇가에 빨래하러 갔습니다. 할머니가 빨래를 하는데 커다란 복숭아가 둥실둥실 떠내려 왔습니다.

할머니는 냇물에 떠내려 온 복숭아를 등에 지고 집으로 갔습니다. 할아버지와 함께 먹으려고 복숭아를 가르려는 순간 그 안에서 큰 아기가 나왔습니다. 할머니와 할아버지는 깜짝 놀랐지만 아기를 복숭아 동자라 부르며 귀하게 길렀습니다. 복숭아 동자는 남달리 쑥쑥 자라 날이 갈수록 영리하고 힘이 세졌습니다. 그러던 어느 날 섬에 살던 도깨비들이 나타나 마을 사람들을 괴롭힌다는 소식이 들려왔습니다. 할아버지는 한숨을 쉬며 도깨비 때문에 고생하는 사람들을 걱정했습니다. 복숭아 동자는 도깨비를 처치하기 위해 집을 나서기로 합니다. 할머니는 가는 길에 배곯지 말라고 정성스레 수수경단을 빚어 주었습니다.

도깨비 섬을 향해 가던 복숭아 동자는 길에서 개와 원숭이와 꿩을 차례로 만났습니다. 그때마다 할머니의 수수경단을 주고 친구가 되었지요. 그렇게 도깨비 섬에 도착한 복숭아 동자 일행은 도깨비들과 싸우기 시작했습니다. 개는 도깨비를 물고 원숭이는 날카로운 발톱으로 도깨비를 할퀴고 꿩은 단단한 부리로 도깨비의 눈을 쪼아 앞장서서 도깨비들을 처치하는 복숭아 동자를 도와주었습니다. 혼쭐이 난 도깨비들은 멀리 도망을 가버렸고 복숭아 동자와 친구들은 도깨비들이 남긴 보물을 가지고 집으로 돌아왔습니다. 복숭아 동자 덕분에 마을에는 다시 평화가 찾아왔습니다.

복숭아 동자는 18세기 말 에도 시대에 널리 퍼진 일본의 유명한 민담이자 영웅 설화입니다. 당시는 민중의 삶이 극한의 빈곤으로 치달았던 시대라고 합니다. 도깨비들처럼 잔학한 권력의 지배에 시달리던 백성은 비참한 현실을 뒤엎을 혁명적 영웅을 갈망할 수밖에 없었을 테고, 개와 원숭이와 꿩과 함께 도깨비를 물리치고 마을에 평화를 되찾아주는 복숭아 동자의 이야기는 민중의 그 같은 꿈을 담아내고 있습니다.

복숭아 동자는 버려진 특별한 아이로 등장합니다. 냇물에 떠내려온 탐스런 복숭아에서 나온 큰 아기. 복숭아는 예로부터 하늘의 기운을 담은 신비스러운 열매로 전해지지요. 그 안에 감싸인 채 늙은 부부에게 온 아기는 다른 갓난아기보다 컸을 뿐 아니라 성장의 속도도 훨씬 빨랐습니다. 일개 범부가 아니라 하늘의 뜻을 이룰 영험한 존재로 나타나는 것입니다.

하지만 복숭아 동자의 그 같은 특별함은 얼마든지 괴이한 것으로 배척당할 수도 있습니다. 그런데 버려진 특별한 아이를 기꺼이 자식으로 받아 안아 사랑으로 길러낸 늙은 부부가 있었기에 복숭아 동자는 도깨비를 물리친 영웅이 될 수 있었습니다. 다시 말해 바리공덕 할아버지와 할머니가 오구대왕에게 버림받은 바리데기를 구해냈듯이, 무슨 까닭인지 하늘로부터 버려진 복숭아 동자에게는 늙은 부부가 재생의 계기를 제공하는 대리 부모의 역할을 한 것입니다.

한편 복숭아 동자는 고난의 과정이 생략된 성공 이야기라 할 수 있습니다. 늙은 부부의 헌신적인 보살핌 속에 무럭무럭 자라 몇 년 만에 장수의 풍모를 갖게 된 복숭아 동자는 드디어 도깨비들을 처치하러 떠나는데 싸움에 힘을 보탤 친구를 얻는 것도 전혀 어렵지 않았습니다. 할머니가 만들어준 수수경단을 나누어주기만 하면 되었지요. 도깨비 섬에 도착해서도 큰 문제는 없었습니다. 개와 원숭이와 꿩이 각각의 강점을 발휘하도록 이끌면서 도깨비들을 힘들이지 않고 처치해버리지요. 주인공과 조력자는 강력하지만 방해자는 약한 매우 안전한 이야기입니다. 그런 측면에서 복숭아 동자 이야기는 회복탄력성이 매우 약해서 위험을 동반한 모험과 고난을 겪어낼 힘이 없는 참여자에게 쓰면 유용할 것입니다.

02 이야기 쓰기

1) 아이는 왜 복숭아에서 나왔을까?

복숭아 동자는 어떤 사연으로 복숭아 속에 잉태되어 냇물을 타고 내려오게 되었을지 상상할 수 있습니다.

2) 할머니와 할아버지는 복숭아 동자를 어떻게 키웠을까?

할머니와 할아버지는 버려진 특별한 아이인 복숭아 동자에게 대리 부모의 역할을 충실히 해주었습니다. 그들이 복숭아 동자를 어떻게 보살폈을 것인지를 구체적으로 극화할 수 있습니다. 그리고 필요에 따라 참여자가 부모의 역할과 복숭아 동자의 역할을 번갈아 모두 경험하게 할 수도 있을 것입니다.

3) 개, 원숭이, 꿩과 어떻게 친구가 되었을까?

복숭아 동자는 길에서 만난 개와 원숭이와 꿩에게 할머니가 만든 수수경단을 나누어주며 친구가 되었다고 합니다. 이 장면을 극화할 때 집단 상담의 경우에는 본래 이야기와 상관없이 각 참여자의 강점을 투사한 짐승을 선택할 수도 있습니다. 그리고 복숭아 동자가 어떻게 그들에게 다가가 마음을 열고 모험의 길에 동행하도록 이끄는지를 탐험할 수 있습니다.

4) 도깨비들과 어떻게 싸워 이겼을까?

앞서 본 바와 같이 복숭아 동자는 큰 난관 없이 과제 수행에 성공하는 영웅의 이야기입니다. 하지만 오히려 그 점을 활용하여 회복탄력성이 낮거나 참여자들 사이의 호감도가 낮아 상호작용이 빈약한 집단이 도깨비라는 대결할 만한 상대를 협력하여 무찌름으로써 즐거운 성공 경험을 얻도록 촉진할 수 있습니다.

03 활용 사례

30대 여성인 참여자 Y는 2녀 1남 중 차녀로 8살부터 23살 때까지 언니에게 신체적이고 정서적인 학대를 당했다. 부모님이 시골에 가고 자매만 집에 있었는데 언니가 만화책을 반납하지 않았다며 목을 조른 게 폭행의 시작이었고 그 후로 독립할 때까지 1주일 간격으로 폭행과 폭언이 반복되었다. Y의 엄마는 언니의 학대를 알면서도 묵인하며 부인했고 아버지도 어렴풋이 알았지만 적극적으로 개입하지 않았다. 그녀는 장기간에 걸친 언니의 학대를 '쓰레기 같은 년아, 너 같은 게 왜 사니?'라는 메시지로 집약할 수 있다고 말한다.

연극치료를 의뢰할 당시 Y는 양극성 장애의 악화로 반복적 자살 시도와 거식증이 심각했다. 마시는 것 외에 씹어 먹는 음식을 모두 거부해 한 달 사이 7kg이 감소했다. 이혼 후 외국에서 지내던 아버지의 귀국 소식을 접하면서 증상이 급격히 악화되었고, 목을 매거나 머리칼을 불태우는 등 자살과 자해를 반복적으로 시도하다가 애인이 그에 충격을 받자 음식에 대한 거부로 증상이 바뀌었다. Y는 그럼에도 심리치료를 받는 자신의 일관성 없음을 수치스러워하며 섭식일지를 쓰거나 자살하지 않겠다고 서약하기를 거부했다. 대신 학대와 관련된 자극을 접하거나 가족에게 연락이 오면 몸살, 두통, 구토, 불면 등 신체적으로 이상 반응이 나타나는데 그런 증상이 줄어들면 좋겠다며 자신의 목표를 밝혔다.

가장 안전한 대상이어야 할 가족에게 오랫동안 신체적이고 정서적인 위협을 당한 Y는 세상과 자기 자신에 대해 차갑고 적대적인 태도를 보였습니다. 살아남기 위해 분노의 자각과 표현을 봉쇄했던 과거의 행동방식이 도식으로 고착되어 분노를 경험하는 것을 극히 힘들어했고, 외부로 향하지 못한 억압된 분노가 자기 자신을 공격하면서 무망감에 압도되었습니다. 그래서 Y의 사례에서는 안전감을 확보하는 것, 분노를 표현하는 것, 자기 자신과 삶에 대한 희망을 회복하는 것을 주된 목표로 삼았습니다. 이 상담에는 참여자 Y와 저와 엄희진 연극치료사가 도움치료사로 함께 했고, 11회기에는 Y가 안전한 공간에서 충분히 사랑받는 경험을 할 수 있도록 복숭아 동자 이야기를 썼습니다.

스토리텔링

이야기를 들려주었다.

할머니와 할아버지는 복숭아 동자를 어떻게 사랑했을까?

대리 부모인 할머니와 할아버지가 복숭아 동자를 어떻게 키웠을지, 그들의 사랑을 잘 보여주는 장면을 상상하도록 했다. Y와 도움치료사가 각각 세 장면을 떠올렸고 Y가 그 중 다섯 개를 선택했다. 첫째, 먹을 것이 풍족하지 않은 환경이지만 아이를 잘 먹이기 위해 최선을 다한다. 둘째, 아이가 잠들 때까지 늘 곁에 있다. 셋째, 아이가 자신의 재능을 펼칠 수 있도록 잘 가르친다. 넷째, 잘못을 저지르면 왜 그랬는지 묻고 아이의 이야기를 잘 들은 다음 문제를 해결한다. 다섯째, 어느 정도 자라면 아이를 위한 방을 따로 만들어준다.

극화

Y가 복숭아 동자를 연기했다. 복숭아 동자에게 고기를 먹이려고 할아버지가 옆집에서 덫을 빌려 토끼를 잡아온다. 할머니는 아이와 놀아주면서 고운 죽을 해 먹인다. 밤이 되자 아이를 깨끗이 씻기고 세 식구가 나란히 누워 잠들 때까지 자장가를 불러준다. 다음 날 세 식구는 함께 강가로 간다. 할아버지가 물고기를 잡는 동안 할머니는 아이에게 옛날이야기를 들려준다.

복숭아 동자가 다섯 살이 되었다. 할아버지는 아이를 서당에 보내기 위해 먼 길을 걸어 아이와 동행한다. 어느 날 할머니가 아이에게 이웃집에서 빌린 그물을 돌려주고 오라고 심부름을 보낸다. 이웃집으로 가던 복숭아 동자가 감을 따느라 정신이 팔려 그물 돌려주는 것을 잊어버린다. 날이 어둑해지도록 복숭아 동자가 돌아오지 않자 할아버지가 찾으러 나선다. 할아버지가 아이를 찾아 데려온다. 할머니는 왜 늦었는지 이유를 묻고 아이의 이야기를 차분히 듣는다. 그리고 다음부터는 그렇게 하지 않겠다는 약속을 받는다. 잠자리에 누운 세 식구는 쓰던 헛간을 고쳐 복숭아 동자의 방으로 만들어 줄 계획을 세운다.

돌아보기

Y는 복숭아 아이로 살면서 자신이 원한 게 이런 따뜻한 가정임을 뚜렷하게 알게 되었지만 다른 한편으로는 그 느낌이 낯설고 어색하기도 하다고 말한다. '이렇게까지 헌신하고 사랑을 표현해주다니' 하는 생각이 들 만큼 이상적인 부모로 느껴졌다고 한다. 그래서 할머니와 할아버지가 복숭아 동자를 돌보듯 Y가 부모로서 자신의 상처 입은 아이를 돌봐주어야 한다고 이야기했다.

이 회기는 32회로 진행된 전체 과정에서 1/3 지점에 해당합니다. 살고자 하는 자신의 욕구와 의지를 온전히 인정하지 못한 상태에서 심리치료를 시작한 Y에게 복숭아 동자로서 충분히 사랑받는 경험은 치료 관계에 대한 신뢰와 안전감을 다지는 데 큰 도움을 주었습니다. Y는 그에 의지하여 자신의 상처 입은 아이를 정면으로 만날 수 있는 준비를 갖추었습니다.

오이디푸스

소포클레스의 희곡에서 오이디푸스는 테베의 영웅으로 등장합니다. 풀기 힘든 수수께끼로 사람들을 괴롭히던 괴물 스핑크스를 물리치고 비어있던 왕좌에 앉아 불안한 나라에 중심을 세워준 그를 백성들은 "사람 가운데 가장 뛰어난 자*"라 부르며 추앙합니다. 그리고 구원자인 그의 발아래 엎드려 다시 한 번 역병으로 죽어가는 이들을 살려 달라 탄원하는 데서 이야기가 시작됩니다.

테베를 휩쓴 역병의 심상치 않음을 직감한 오이디푸스는 신에게 그 해법을 묻고, 신탁은 선왕 라이오스의 핏값을 제대로 치러야 한다고 답합니다. 이에 고무된 오이디푸스는 범인을 잡는 데 온 힘을 기울일 것을 선포하고, 이때부터 이야기는 선왕 라이오스를 죽인 자가 누구인가를 파헤치는 범죄 스릴러의 형식을 따라 전개됩니다.

오이디푸스는 범인을 잡기 위해 예언자 테이레시아스에게 도움을 청하는데, 앞 못 보는 예언자는 오이디푸스에게 라이오스의 살인자는 바로 당신이라고 말합니다. 이해할 수 없는 그 행동에 분기탱천한 오이디푸스는 그가 왕좌를 차지할 목적으로 모략을 꾸민다 믿고 처남인 크레온까지 싸잡아 의심하고 비난을 합니다.

그러나 아내 이오카스테와 아버지의 죽음을 알리러 온 사자와 목동이 속속 등장하면서 사건의 배후가 드러남에 따라 오이디푸스는 무고한 자에서 살인자로, 범죄자에서 다시 친부를 살해하고 친모를 유린한 인간 이하의 존재로 전락

* 이 사례에서 쓴 것은 『오이디푸스 왕 외』(소포클레스 지음, 김기영 옮김, 을유문화사)입니다.

하고 맙니다.

숨겨진 사연은 이렇습니다. 태어날 아이가 장차 제 아비를 죽이고 어미와 동침할 것이라는 신탁을 받은 라이오스와 이오카스테는 두려움에 굴복하여 아이를 낳자마자 남의 손에 주어 산에 버렸습니다. 그런데 아이를 불쌍히 여긴 목동이 짐승 대신 다른 목동에게 아기를 주고, 그렇게 해서 살아남은 오이디푸스는 이웃나라 코린토스 왕의 아들로 자라게 되었습니다.

청년이 된 오이디푸스는 어느 날 자신이 왕의 친자가 아니라는 말을 듣고 신전을 찾아가 어떻게 된 일인지를 묻고 거기서 자신이 아비를 죽이고 어미와 동침할 것이라는 무서운 신탁을 받았습니다. 오이디푸스는 끔찍한 운명에서 벗어나기 위해 그 길로 코린토스를 떠나 정처 없는 방랑길에 올랐지요.

그렇게 얼마가 흘렀을까, 여러 길이 만나는 곳에 이른 오이디푸스는 우연찮게 싸움에 말려들어 몇 사람을 죽이게 되었고, 그 뒤에 스핑크스를 만나 수수께끼를 풀면서 테베를 다스리는 왕좌에 오르게 된 것입니다.

그렇게 자신도 알지 못하는 사이에 무시무시한 신탁을 완성한 오이디푸스는 테베에 역병이 돌면서 뒤늦게 그 참담하고 잔혹한 결과를 확인하였습니다. 살아서 그 사실을 알게 된 아내이자 어머니인 이오카스테는 그 길로 목을 매 스스로 목숨을 끊고 오이디푸스는 어떤 것도 제대로 보지 못한 자신의 두 눈을 찌릅니다. 그리고 선왕을 죽인 범인에게 자신이 약속한 처벌에 따라 테베를 떠납니다.

참으로 무시무시한 이야기이고 참으로 가엾은 인간입니다. 가히 "신이 미워한 자"라 할 만합니다. 소포클레스가 오이디푸스를 빌려 하고 싶었던 이야기는 과연 무엇일까요? 인간의 행복이란 죽기까지 알 수 없는 것이니 함부로 날뛰지 마라? 신과 운명을 거스를 수 있는 자는 없으니 그 앞에 바짝 엎드려라? 오이디푸스의 비극적 결함(hamartia)인 자만을 타산지석 삼아 까불지들 마라? 너무나 끔찍하고(공포) 너무나 불쌍하지만(연민) 내 이야기가 아니라서 다행이고 또 즐길 만한 값싼 카타르시스?

저는 이 중 어느 것도 아니라고 봅니다. 제가 읽은 오이디푸스는 한계, 곧 '내가 어쩔 수 없는 나'에 관한 이야기입니다. 인간됨의 본질을 신과의 비교에서 구한다면 그것은 무엇보다 한계를 갖는다는 데서 찾을 수 있을 것입니다. 태어나고 죽는다는 시간적인 한계, 몸이라는 공간적인 한계, 그리고 그 둘에서 비롯되는 무수한 한계들. 사실 그 한계는 인간 개개의 삶에 고유한 범위를 설정한다는 점에서 삶의 근거라 바꿔 말할 수도 있지요.

그러나 소포클레스가 주목하는 한계는 그 중에서도 너무나 끔찍해서 벗어나고 싶지만 그럴 수 없는 것입니다. 존속살해와 근친상간의 운명을 뉘라서 갖고 싶을까요. 그래서 부모도 오이디푸스도 어떻게든 그 올가미에서 도망치려 발버둥 쳤지만 소용없었고, 끝내는 운명의 한복판에서 죽임을 당하거나 스스로 목숨을 끊었습니다. 그런데 이제까지 운명을 거스르려던 오이디푸스는 아내이자 어미의 주검 앞에서 두 눈을 찌르면서 새롭게 태어납니다. 자신의 한계를 비로소 자신의 것으로 받아들이게 된 것입니다.

고통과 비참함의 크기로만 보면 오이디푸스에게 열린 유일한 문은 죽음일 것입니다. 소포클레스도 코러스의 입을 빌려 그렇게 말합니다. “장님으로 사느니 더 이상 살지 않는 편이 나을 텐데요.” 그러나 오이디푸스는 “내 고통을 견딜 수 있는 사람은 나 밖에 없소”라고 말하며, 자신의 한계를 똑바로 응시하고 자기 것으로 받아 안습니다. 죽음으로써 자신의 한계에 저항하거나 회피하기를 멈춘 것입니다.

‘내가 어쩔 수 없는 나를 나로 수용하는 것’은 오이디푸스가 아니더라도 쉽지 않습니다. 가난한 부모에게서 태어난 나, 이혼한 부모의 자식인 나, 대한민국에 태어난 나, 아스퍼거 장애를 가진 나, 못생긴 나, 성폭행을 당한 나, 자식을 잃어버린 나, 범죄를 저지른 나, 암에 걸린 나, 이 꼴 보기 싫고 수치스러운 나들을 나로 인정할 때 비로소 내 삶이 바로 보이기 시작합니다. 그러지 않고서는 해봤자 소용없는 원망과 분노 그리고 끝이 없는 자책과 슬픔과 외로움에서 헤어나지 못하고 그 사이를 무한왕복 할 수밖에 없습니다.

그래서 오이디푸스는 다시 영웅입니다. 세상 사람들의 눈으로는 가장 높은 데서 더 이상 낮아질 수 없는 자리로 한없이 추락했지만, 눈 뜨고도 자신이 누구인지 모른 채 방황하다가 참화를 통해 높고 넓은 시야를 확보함으로써 자신의 한계와 위치를 정확히 깨닫게 됩니다. 내적인 관점에서 오이디푸스는 어두운 자리에서 밝은 자리로 오히려 상승한 것입니다. 잔혹한 운명 혹은 한계의 공포를 피하지 않고 두렵지만 그것을 정면으로 받아 안아 아프게 겪어내는 주인공/나를 슬퍼하는 것, 그것이 진정한 카타르시스고 그것을 통해서 진정한 변형이 일어납니다.

1) 희곡 읽기

희곡을 읽지 않아도 오이디푸스의 이야기는 그리스 신화를 통해 잘 알려져 있습니다. 그런데 오이디푸스의 고통과 선택을 절실하게 느끼기 위해서는 희곡을 함께 소리 내어 읽는 것이 좋습니다. 만약 시간이 충분하지 않다면 참여자에게 미리 읽어오도록 해도 좋을 것입니다.

그리고 희곡을 읽은 후의 생각과 느낌을 나눕니다. 가장 기억에 남는 대사, 신탁을 알게 된 후 오이디푸스의 부모와 오이디푸스가 취한 행동, 자신이 오이디푸스라면 아내이자 어머니인 이오카스테의 주검 앞에서 어떤 선택을 할지 등을 놓고 이야기할 수 있습니다.

2) 운명의 얼굴과 말

오이디푸스에게 주어진 신탁에 얼굴이 있다면 어떤 모습일지를 상상하여 표현할 수 있습니다. 가면본을 활용할 수도 있고 채색 도구로 그림을 그리거나 오브제로 만들 수도 있을 것입니다. 운명의 얼굴을 완성한 다음에는 그것의 말을 한 문장으로 떠올립니다.

3) 운명을 만나다

앞서 만든 운명의 얼굴을 적절한 곳에 배치한 후 오이디푸스로서 운명을 찾아가 하고 싶은 말을 하도록 할 수 있습니다. 이때 치료사는 운명의 역할을 맡아 참여자가 찾은 대사를 말합니다. 그리고 다시 역할을 바꾸어 참여자가 운명으로서 자신이 연기한 오이디푸스에게 반응할 기회를 줍니다.

4) 운명을 정의하다

앞선 경험을 바탕으로 운명의 뜻을 풀어 정의할 수 있습니다. 참여자들은 흔히 '피하고 싶으나 피할 수 없는 고통' 혹은 '바꿀 수 없는 것' 등으로 운명을 정의합니다. 그리고 그 정의에 따라 참여자 자신의 운명은 어떤 것인지를 구체화합니다. 그 내용은 부모와 과거의 범주를 벗어나지 않을 것입니다.

5) 자신의 운명과 만나다

여기서부터는 참여자의 일상 현실로 옮겨가서 참여자가 자신의 부모와 과거를 어떤 식으로든 극적으로 표현하도록 합니다. 그리고 그것과 대면하여 자신이 운명을 어떻게 거부하고 회피해왔는지를 탐험합니다.

6) 자신의 운명과 화해하다

오이디푸스가 "이 고통을 견딜 수 있는 사람은 나 밖에 없소"라고 하며 살아남아 자신의 운명을 껴안았듯이 참여자가 자신의 운명을 받아들여 자신의 것으로 고백할 수 있도록 촉진합니다. 이것은 정서적으로나 인지적으로 크기가 큰 경험이므로 그 재현의 방식도 가급적 의식화(ritualization)하여 표현의 크기를 일치시킬 필요가 있습니다.

흔히 말하는 성공을 기준으로 보면 우리가 사는 삶은 결승선은 모두에게 동일한데 출발선은 각기 다른 이상한 경주입니다. 남보다 많이 가지고 싶은(돈이든 명예든 권력이든) 욕망은 보편적인데, 재화는 한정되어 있어(그렇지 않은 경우에도 비교우위에 대한 집착이 늘 그렇게 만들지만) 누구나 원하는 만큼 가질 수는 없기에 경쟁에서 이겨야만 한다는 것. 그런데 그 싸움을 시작하는 조건 자체가 달라 공평하지 않다는 점이 그렇습니다.

누구는 날 때부터 이미 다 가지고 있는가 하면 일평생 죽어라 달려도 제자리걸음을 면하기 어려운 사람도 있습니다. '기울어진 운동장'이라고 하지요. 사회적 차원에서는 그래서 가급적 계층이나 성별, 장애, 성적 취향, 종교, 인종, 지역 간 경쟁력의 격차와 그로 인한 차별을 줄이고 기회를 균등하게 부여함으로써 사회 전체의 통합을 촉진하고자 합니다.

하지만 개인적인 차원에서는 불공평함을 삶의 기본 조건으로 받아들일 필요가 있습니다. 왜 나에게는 이런 부모가 주어졌는지, 왜 내 재능은 이것 밖에 안 되는지, 왜 나는 더 예쁘지 않은지, 왜 나는 이런 병에 걸렸는지, 왜 나는 이 나라에 태어났는지, 왜 나는 남자 혹은 여자인지, 왜 나는 이렇게 운이 없는지를 다른 사람과 비교하며 따지는 것은 아무 의미가 없으니까요. 그것은 마치 지구가 둥글려면 한 치 어긋남 없이 고르게 편평해야지 왜 여기는 움푹 꺼지고 왜 여기는 우뚝 솟았냐며 바다와 산에 시비를 거는 것이나 다름없습니다.

그래서 포레스트 검프의 엄마는 이렇게 말했지요. "삶은 초콜릿 상자와 같단다. 어떤 초콜릿을 집게 될지 아무도 모르거든."

어떤 삶도 똑같지 않습니다. 삶이라는 말로 통칭하지만 우리는 자신이 사는 삶 이외의 것을 속속들이 알지 못하며, 자신으로서만 살아갑니다. 내 삶의 맛은 나만이 아는 것이지요. 그러므로 비교는 사실 엄밀한 의미에서는 가능하지 않은 허구적 행위이며, 나와 내 삶에 대한 불만족을 투사하기 위한 구실에 지나지 않습니다.

애초에 삶은 불공평합니다. 그러니 다른 사람의 것을 곁눈질하며 시기하고 불평하기보다 내가 집은 초콜릿에 집중하여 그 맛을 음미하는 것이 나와 내 삶에 대한 예의일 것입니다.

03 활용 사례

참여자 B는 20대 후반의 취업준비생이다. 5년 전부터 단속적으로 항우울제 복용과 상담을 병행했지만 증상 완화에 별 도움이 되지 않았다. 몇 해째 자격취득 시험에 실패했고 한 주 정도 공부를 제대로 하면 두 달은 아예 손을 놓고 잠만 자는 식으로 무기력한 생활을 하고 있다. 세 남매 중 맏딸인 B는 아주 어릴 때부터 부모의 심한 갈등과 다툼이 집안의 이슈였다고 한다. B가 중학생이 되면서 실질적인 별거에 들어가 표면의 갈등은 완화되었지만 현재도 상황이 크게 달라지지는 않았다. 아버지는 싸움을 피하기 위해 집에 잘 들어오지 않아 부재 상태에 가까웠고 어머니는 자신의 스트레스를 자녀들에게 풀면서 지나치게 통제하려 들었다. "네가 죽든 내가 죽든 둘 중 하나가 죽어야 이 사단이 끝나지." 이것이 B가 기억하는 엄마의 말이다.

B는 연애를 해본 적도 없고 그에 대한 환상도 없다. "태어나서 내가 한 번도 마음에 든 적이 없어요"라며 눈물을 흘리는 그녀의 유일한 희망은 시험에 합격해 취직해서 있는 듯 없는 듯 조용히 살다 가는 것이다. B는 자신의 상태를 무기력증이라 말하고 연극치료를 통해 좀 더 성실해지면 좋겠다는 기대를 비친다.

B는 부모의 심한 갈등 속에서 고통을 느끼지 않기 위해 자신의 감각과 감정을 마비시켰고 욕구마저 최소한으로 억압한 상태였습니다. 그리고 그녀의 무기력과 반복적 실패는 부모에 대한 수동공격적 행동이면서 동시에 불안과 죄책감을 불러일으켜 다시금 무기력을 강화하는 악순환의 고리를 이루고 있었습니다. 그래서 B에게는 부모에 대한 원망을 반복하면서 수동공격의 방향을 바꾸고 부모 대신 그녀가

돕는 어른으로서 있는 그대로의 자신을 환대하고 아껴줌으로써 삶에 대한 희망과 활기를 회복하는 것을 최종의 목표로 삼았습니다. B와의 상담에는 저와 유경희 연극치료사가 도움치료사로 참여했습니다.

32회기

오이디푸스 읽기

시간상 코러스를 제외한 나머지를 빠르게 읽었다. 오이디푸스 역할은 B가 맡고 두 사람이 다른 인물을 번갈아가며 읽었다.

돌아보기

B는 오이디푸스에 얽힌 대강의 이야기는 알고 있었지만 희곡을 읽은 적은 처음이고 읽고 나니 마음이 굉장히 무겁고 어떻게 해 볼 도리가 없이 눈앞이 캄캄한 느낌이 든다고 한다. 운명이란 어쩔 수 없는 것이니 나쁘게 여기기보다 할 수 있는 것을 해야 하지 않겠느냐고 한다. 그래서 다음 회기까지 '오이디푸스는 왜 죽지 않았을까?', '나라면 어떻게 했을까?'를 스스로 묻고 답해보라고 했다.

33회기

운명의 가면

지난 회기의 질문을 상기시키자 오이디푸스가 죽지 않은 까닭은 본인이 벌여놓은 일을 책임지기 위해서일 것이고, 만약 자신이 오이디푸스라면 신전에 가서 왜 그런 신탁을 내렸는지를 따져 물을 것 같다고 한다.

먼저 오이디푸스에게 주어진 신탁 혹은 그의 운명을 가면으로 표현해보도록 했다. B는 가면본을 잠시 바라보더니 아무것도 더하지 않은 상태로 족하다고 한다. 그래서 작업실에 신전을 만들고 거기에 신탁의 가면을 배치하도록 했다.

오이디푸스의 운명

신에게 하고 싶은 말하기

1) 오이디푸스로서

눈을 감고 지팡이를 짚고 딸과 함께 신전을 찾아나서는 데서 시작하여 신전에 홀로 들어가 신과 문답하는 장면을 진행했다. 신이 뭐라 답할 것 같은지 묻자 "그것이 너의 운명이다"라는 말을 반복할 것이라 한다. 그래서 내가 신으로서 오이디푸스의 말이 끝날 때마다 같은 말로 반응했다.

B는 말한다. "나는 아무 죄가 없고 오히려 신탁을 피하려고 최선을 다했을 뿐입니다. 왜 내게 그런 신탁을 내렸나요? 아무리 생각해도 납득이 되지 않아요. 이미 벌어진 일은 벌어진 것이니 받아들여야겠지만 애초에 그런 신탁을 내리지 않으면 좋았을 텐데 왜 그랬죠? 도대체 신탁을 내린 이유가 뭔가요?"

장면을 마친 뒤에는 화가 날 줄 알았는데 분노는 거의 없고 오히려 몸에 힘이 쭉 빠지면서 아무것도 못할 것 같은 느낌이라고 한다.

2) 신으로서

B가 신의 역할을 하고 도움치료사가 앞서 B가 보여준 오이디푸스의 역할을 모방했다. B는 신으로서 왜 그런 신탁을 주었는지 스스로도 이유를 알 수 없어 답답했다고 한다.

오이디푸스의 고통을 살다

1) 자신의 운명과 견주기

B는 운명을 일종의 자연재해 같은 것이라고 말한다. "이유를 알 수 없고 선택할 수 없이 일방적으로 주어지는 견뎌내야만 하는 고통." 그래서 B에게도 운명이 있다면 무엇이겠는지 물었고 그녀는 가정환경 정도가 운명이랄 수 있겠다며 말끝을 흐린다.

2) 오이디푸스의 짐을 감당하기

오이디푸스가 두 눈을 찌른 후 어떻게 살아갔을지 물었다. B는 오이디푸스가 한 곳에 정착하지 않고 유리걸식하며 사는데 가는 곳마다 눈 먼 현자로서 사람들의 어려움을 들어주고 문제를 해결하도록 도왔을 것이라고 한다.

그래서 오이디푸스가 자신의 운명을 감당하며 살아낸 그리하여 운명과 화해하게 되는 과정을 살아보자고 했다. 먼저 오이디푸스가 짊어진 운명을 사물로 치환하여 그 느낌과 비슷한 무게의 짐을 만들도록 했다. B는 캐리어에 1kg의 모래주머니 두 개와 무게가 나갈 만한 물건들을 잔뜩 넣은 후에 눈을 감고 그것을 두 손으로 받쳐 들고 다닌다. 한참을 그렇게 들고 다니다가 무거움을 감당하지 못해 땅에 내려놓고 손잡이로 끌기 시작한다. 또 1분 정도 시간이 지나자 힘이 떨어져서 더는 못 가지고 가겠다며 짐을 내려놓았지만 자신과 완전히 분리하지는 못했고 한쪽 구석에 잘 놓아두려 한다.

그래서 오이디푸스의 짐을 신전에 두도록 한 다음 다시 한 번 신에게 말할 수 있는 기회를 주었다. B는 신에게 이렇게 말한다. "내 짐을 여기 두고 갑니다. 하지만 완전히 가벼워지지는 않았고 마음 한쪽에 남아 있어요. 가끔 보러 오겠습니다."

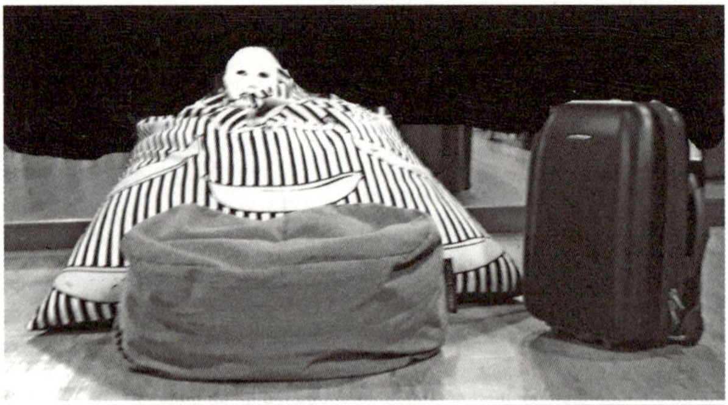

오이디푸스의 짐

돌아보기

B는 오이디푸스의 짐을 들고 살아보니 그것이 '내 잘못이야'라는 생각에서 오는 죄책감이었다고 말한다. 그게 오이디푸스뿐 아니라 자신의 것임을 반영하자 B는 마치 무엇에 찔린 듯 움찔하며, 자신도 알고 있고 거기서 벗어나려 애쓰는데 잘 되지 않는다고 말한다.

34회기

나의 운명

B에게 '내 삶에서 바꿀 수 없는 것'을 찾아보자고 하자 곧바로 '과거와 타고난 것'이라고 답한다. 과거를 예를 들어 좀 더 자세히 설

명해보라고 했다. 그녀는 여동생이 자신을 괴롭히는 남자아이를 혼내 달라고 했을 때 그건 네 일이라며 거절했던 것, 남동생이 친구를 집에 데려왔다고 혼냈던 것, 고등학생 때 자신의 삶에 대해 좀 더 적극적으로 고민하지 않았던 것이 후회된다고 한다. 나는 그녀가 꼽은 장면이 모두 오이디푸스가 끌고 다녔던 죄책감과 관련된 것임을 읽어주었다. 그리고 '타고난 것'은 주로 부모와 관련되는데 아빠는 엄마를 견디지 못해 밖으로 도망쳤고 엄마는 그 스트레스를 감당하지 못해 자신을 학대하고 방임했다고 B는 말한다. 그래서 일단 부모를 만나게 했다.

부모의 의자

1) 엄마

은색 천을 등받이에 걸치고 그 위에 검은 천을 덮는다. 바닥에는 호피무늬 천을 놓고 그것을 다시 검은 천으로 덮는다. 엄마에게는 "네가 죽든 내가 죽든 둘 중 하나가 죽어야 이 사단이 끝나지"라는 대사를 부여한다.

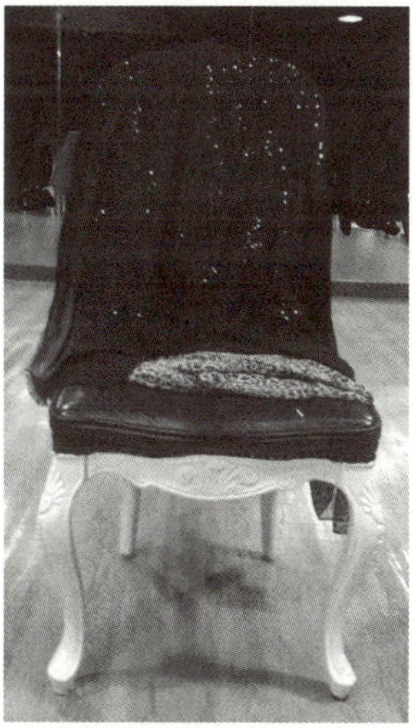

엄마의 의자

2) 아빠

아빠에 대해서는 잘 모르겠다며 머뭇거리다가 초록색 천을 등받이에 걸치고 바닥에 연두색 천 두 개를 놓는다. 아빠의 대사는 "널 믿는다"인데 그것은 마치 자신이 김연아를 믿는다고 하는 것처럼 속이 빈 느낌이라고 말한다.

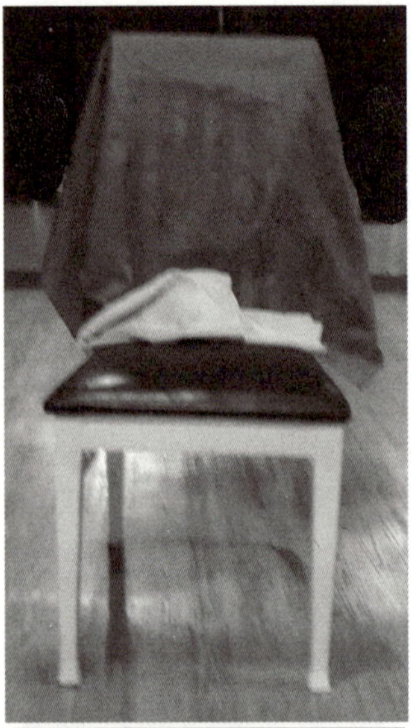

아빠의 의자

부모 만나기

엄마와 아빠의 의자 앞에 서서 하고 싶은 이야기를 하도록 했다.

1) 엄마

도움치료사가 앞서 B가 엄마의 대사로 꼽은 말을 2~3회 반복했다. B는 엄마의 의자 앞에 서자마자 깊이 호흡하며 소리내어 운다. "왜 그런 말을 해요? 나보고 죽으라는 거예요? 나를 왜 죽이려고 해요? 엄마가 나를 죽인 거야. 엄마는 살인자야. 아무리 힘들어도 딸한테 그렇게 말하면 안 되는 거야. 엄마 싫어. 난 안 죽을 거야. 안 죽고 살아남아서 엄마한테 보여줄 거야. 나한테 그런 말 하지 마세요. 이제 참지 않을 거야. 엄마가 나한테 잘못한 거예요. 난 살 거예요"라고 말한다.

2) 아빠

B는 아빠를 비웃을 것 같다며 그 앞에 서기를 주저한다. 그래서 비웃어도 된다고 말해주었다. 도움치료사가 앞서 B가 아빠의 대사로 찾은 말을 2~3회 반복했고 B는 엄마 앞에서와 달리 냉정한 태도로 말한다. "입에 발린 소리 하지 마세요. 믿긴 뭘 믿어요. 도망가 놓고 이제 와서. 아빠는 아빠 인생만 살았잖아요. 날 잘 알지도 못하면서 믿는다고요? 그럼 내가 믿는 도끼에 발등 찍히게 해줄게요."

B는 장면을 마친 후 무기력과 반복된 실패가 아빠에게 복수하고 싶은 마음과 관계가 있음을 알아차린다.

부모로서 말하기

1) 엄마

B는 엄마의 의자 뒤에 서서 말한다. "미안하다. 그때는 내가 너무 힘들어서 그랬어. 나도 나를 통제할 수가 없었어." 그리고 계속 변명을 이어가려 한다. 그런데 오히려 말이 길어질수록 미안한 마음이 옅어졌다. 그래서 뒤에 덧붙인 변명을 자르고 "미안하다. 내가 나빴어"라는 말을 반복하도록 했다. B는 그렇게 말하면서 다시 눈물을 흘린다.

2) 아빠

B는 "미안하다. 내가 할 말이 없다. 널 볼 면목이 없구나. 아빠가

부끄럽구나”라고 말한다. 그런데 엄마로서 말할 때와 마찬가지로 미안한 마음이 잘 느껴지지 않았다. 그래서 “괜찮아. 실망시켜도 돼. 난 너를 평생 실망시켰잖아”라고 고쳐 말하도록 했다. B는 그렇게 말하면서 깊이 오래 운다.

돌아보기

장면을 마친 후 느낌을 물었더니 몸이 가볍고 개운하다고 한다. 전에 누군가 부모님 걱정을 하면서 공부를 하지 않는 것은 부모에게 복수하고 싶은 마음 때문이라고 했을 때 자신과는 관계없는 말이라고 여겼는데, 오늘 아빠를 만나면서 ‘내가 부모님께 복수하고 싶었구나’를 확실히 알게 되었다고 한다.

B는 부모에 대한 분노를 어떻게 없앨 수 있느냐고 묻는다. 감정은 없앨 수 없는 것이니 분노가 느껴지면 그것을 알아차리고 지켜보라고 답했다. 그러나 B는 그렇게 하는데 오히려 죄책감이 든다고 한다. 그것은 아마도 분노가 올라오면 ‘내가 아직도 화를 내고 있네. 이런 한심한 인간’ 하는 눈으로 바라보았기 때문일 텐데 앞으로는 분노가 느껴지면 ‘부모님께 화가 났구나. 화가 날만하지. 그래도 그 힘든 시간을 잘 견뎠어. 너는 아무 잘못이 없어. 다만 부모님이 힘들어서 그랬던 것뿐이야. 살아남은 네가 나는 자랑스러워’라고 돕는 어른으로서 그 마음을 어루만져주는 것까지가 알아차림 안에서 해야 할 일이라고 설명했다.

그리고 아무것도 하지 않고 다 놓고 싶어질 때는 스스로 ‘실패해도 돼. 하지만 반대로 성공해도 돼’라고 일깨워주기를 당부했다.

동생들의 의자

회색 의자 두 개를 나란히 붙여놓고 큰 강아지 인형과 쿠션을 올린 다음 분홍색 천으로 등받이를 덮는다. 의자를 만들면서 눈물을 흘리기 시작한다. 만든 후에는 유치원 다닐 무렵의 동생들 같다고 한다.

동생들에게 사과하기

동생들 의자를 앞에 서서 길게 운다. 어린 동생들이 너무 안쓰럽고 미안하다고 한다. 동생들에게 미안한 마음을 전달하도록 했다. B는 "너희가 어려서 맏이인 나한테 의지하고 싶었을 텐데 내가 그걸 모르고 잘 못해줘서 미안해"라고 사과한다.

B에게 왜 그랬는지를 묻고 그 까닭을 동생들에게 다시 설명하도록 했다. "너희는 엄마 아빠가 이혼할까봐 무서워했는데 난 부모님이 절대 이혼하지 않을 거라고 믿었거든. 그래서 너희를 감싸주지 못했어. 미안해. 그리고 널 괴롭힌 남자애를 혼내주지 않은 건 그건 너와 그 애의 일이니까 제3자인 내가 끼어드는 게 정의롭지 못한 거라 생각했기 때문이었어. 미안해."

동생들로서 자신의 사과와 변명을 듣기

도움치료사가 B가 되어 앞에 했던 말을 반복하면 B는 동생들의 의자 뒤에서 동생들로서 그것을 듣고 반응하도록 했다. B는 도움치료사의 사과를 담담한 표정으로 듣고 심상하게 "알았어. 괜찮아"라고 답한다.

어린 B

동생들을 잘 챙겨주지 못한 자신이 몇 살로 느껴지는지 물었다. B는 9살이라고 답한다. 그래서 9살의 자신을 동생들처럼 의자로 나타내도록 했다. B는 동생들보다 조금 더 키가 큰 의자를 가져와 다리가 천정을 향하도록 뒤집어 놓는다. 당시의 자신은 호기심 많고 무서운 것도 잘 모르는 천방지축이었다고 설명한다.

과거의 가족조각상

지난 회기에 만난 엄마와 아빠를 다시 불러 가족조각상을 만들도록 했다. 가운데 두 동생이 있고 왼쪽에 엄마, 그 바로 뒤편에 아빠, 오른쪽에 어린 B를 배치한다. 동생들을 중심으로 엄마, 아빠, 어린 B가 양쪽과 뒤쪽을 감싸 안은 형태로 완성된 가족조각상을 보며 어린 B도 나름대로 동생들을 보호했음을 알려주었다. 그리고 B 역시 보살핌이 필요한 9살 밖에 안 된 어린아이였고 여러 측면에서 동생들을 따뜻하게 품을 만한 힘이 부족했으며 그런데도 동생들을 잘 보살피지 못했다고 자책하는 것은 9살 어린아이가 감당하기에는 지나치게 무거운 짐이라고 말해주었다. B는 이야기를 가만히 들으며 흐느낀다.

과거의 가족 의자 조각상

어린 자신의 짐

9살의 B에 지운 죄책감을 오이디푸스의 그것처럼 물건으로 나타내보도록 했다. B는 천이 가득 담긴 캐리어를 가져와 거꾸로 서 있는 어린 자신의 의자에 얹는다. 그리고 그것이 오이디푸스의 죄책감보다는 가볍다고 말한다. 약간 거리를 두고 지켜본 다음 물었다. "9살의 내가 어떻게 보여요?" "벌 받고 있는 것 같아요." "벌 받을 만한 일을 했나요?" "아니요." "최선을 다한 나를 벌세우고 있네요. 동생들을 애써 보살핀 9살의 나를 계속 혼내고 있어요. 진심으로 사과하세요."

9살 B의 죄책감

어린 자신에게 사과하기

B는 어린 자신의 의자 앞에서 사과한다. "너도 어린아이인데 그걸 알아주지 못해서 미안해. 너는 네가 할 수 있는 최선을 다했는데 계속 잘못했다고 비난하고 미워해서 미안해. 이제 안 그럴게." B는 어린 자신에게 지웠던 죄책감을 분리한다.

현재의 가족조각상

가족조각상을 현재의 모습으로 바꾸게 했다. B는 동생들의 의자에서 분홍색 천과 인형을 걷어내고 엄마의 의자에서 검은색 천을 치운 다음 자신의 의자를 옆으로 눕힌다. 무기력한 자신을 나타낸 것이라고 설명한다.

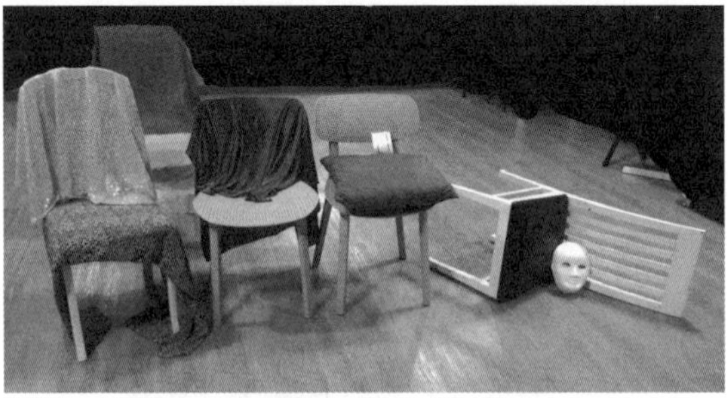

현재의 가족 의자조각상

미래의 가족조각상

앞으로 원하는 가족조각상을 만들도록 했다. 다른 대상은 동일하고 자신의 의자만 똑바로 앉혀 놓는다.

미래의 가족 의자조각상

운명 받아들이기

'과거'와 '부모'를 '내 삶에서 바꿀 수 없는 것'으로서 기꺼이 받아안는 의식을 치렀다.

1) 가족을 받아들이기

오이디푸스의 운명으로 표현했던 가면을 들고 식구들 앞에 차례로 가서 "당신은 나의 운명입니다. 당신이 나의 운명인 것에 감사합니다. 당신 덕분에 내가 있습니다"라고 말하도록 했다. B는 엄마, 아빠, 동생들의 순서로 만난다.

2) 자신을 받아들이기

B에게는 있는 그대로의 자신을 수용하는 것이 매우 중요하다고 판단했다. 그래서 먼저 바꾸고 싶지만 바꿀 수 없는 자신의 모습에 어떤 것이 있는지 꼽아보도록 했다. B는 자꾸 미루는 것, 쓸데없이 정의로운 것, 충동적인 것이라고 한다. 그 특징이 잘 나타나도록 병명을 붙여보라고 했다. '좀 있다' 병, '정의' 병, '에잇 몰라' 병이라고 명명한다.

바닥에 쓰러져 있는 현재의 나 의자에 운명의 가면을 놓고 그 앞에서 세 가지 병을 자신의 운명으로 고백하도록 했다. 각 병마다 "당신은 나의 운명입니다. 당신이 나의 운명인 것을 감사히 받아들입니다. 당신 덕분에 내가 있습니다"라고 3번씩 말하면서 절을 했다. B는 모두 9번 절을 하면서 세 가지 병을 모두 자신의 운명으로 받아들인다.

돌아보기

작업을 마친 B는 몸이 가벼워진 느낌이라고 한다. 부모님을 수용하고 감사하는 것은 혼자서도 시도했었는데 오늘 작업에서 어린 자신을 만나 사과한 것과 자신의 운명인 세 가지 병을 받아들인 것이 새로웠고, 자신을 미워하다 지쳐 무기력에 빠지곤 했던 것을 어떻게 다루어야 할지 알게 되었다고 한다. 그에 덧붙여 병이 병이기만 한 것이 아니라 생산적인 힘이기도 함을 설명하고 세 가지 병을 힘으로 다시 물었다. "에잇 몰라 병은 B가 하고 싶은 것을 충족시켜주는 힘일 거예요. 그럼 정의 병은 어떤 힘일까요?" "나쁜 일을 하지 않고 잘 살아가는 힘이요." "네, 그럼 좀 있다 병은 어떤 힘이죠?" "음, 천천히 차분하게 생각하며 갈 수 있는 힘 같아요."

B는 오이디푸스 이야기를 따라가면서 자신의 운명인 부모와 자기 자신을 있는 그대로 수용할 수 있었습니다. 이 사례는 앞의 다른 사례와 달리 오이디푸스의 이야기에 머물지 않고 참여자의 일상 현실을 사실적으로 다루는 방식으로 전개되었습니다. 참여자가 비극적 운명의 극단과 조우하여 그것을 회피하지 않고 자신의 것으로 껴안은 오이디푸스의 영웅적 면모를 모델링하도록 했다고 할 수 있을 것입니다.

브레맨 음악대

어느 시골 농장에 당나귀 한 마리가 있었어요. 이른 아침부터 늦은 밤까지 열심히 일했지만 주인은 일을 못해 먹이 값이 더 든다며 당나귀를 시장에 내다 팔려고 했습니다. 이를 알게 된 당나귀는 그날 밤 도망을 쳤습니다. 브레맨에 가서 악기를 연주하겠다는 꿈을 안고서 말이지요.

숲을 지나던 당나귀는 늙어서 더 이상 쓸모없다고 주인에게 내쫓긴 사냥개를 만났습니다. 둘은 금세 의기투합해 당나귀는 아코디언을 연주하고 사냥개는 북을 치기로 했습니다. 얼마나 걸었을까. 둘은 부둣가에서 떨고 있는 고양이를 보았습니다. 늙어서 쥐도 잡지 못한다고 주인이 물에 던져 버렸답니다. 당나귀와 사냥개는 고양이에게도 함께 가자고 했습니다. 음악대에서 노래를 부르라고 했지요. 일행이 된 셋이 어느 마을을 지날 때 울고 있는 수탉 한 마리와 마주쳤어요. 주인이 수탉을 잡아 수프를 끓이겠다고 했답니다. 셋은 수탉에게 볏이 멋지니 춤을 추면 좋겠다며 브레맨으로 같이 가자고 했습니다.

당나귀와 사냥개와 고양이와 수탉은 날이 저물자 잠을 청할 곳을 찾았습니다. 한참을 헤매다 따스한 불빛이 새어나오는 집을 발견했습니다. 가까이 가 창문으로 보니 도둑들이 잔치를 벌이고 있지 뭐예요. 도둑들을 내쫓고 집을 차지하기 위해 넷은 꾀를 냈습니다. 창틀에 발을 올린 당나귀 등에 사냥개가 올라타고 그 위에 고양이가 올라가고 맨 꼭대기에 수탉이 날아올라 앉았습니다. 그리고 한꺼번에 울기 시작했어요. 도둑들은 이상한 소리를 내는 거대한 괴물에 놀라 뒤도 돌아보지 않고 도망쳤습니다.

넷은 따뜻한 집에서 도둑들이 남긴 음식을 실컷 먹고 단 잠에 빠졌습니다. 그때 정신을 차린 도둑들이 놓고 간 보물을 찾으러 집으로 돌아왔습니다. 당나귀와 사냥개와 고양이와 수탉은 힘을 합해 도둑들과 싸웠습니다. 고양이는 도둑들을 할퀴고 사냥개는 다리를 물고 당나귀는 뒷발로 차고 수탉은 날아다니며 혼을 쏙 빼놓았습니다.

간신히 빠져나간 도둑들이 그 집에 마녀가 산다는 소문을 퍼뜨린 덕분에 아무도 근처에 얼씬거리지 않았고 당나귀와 사냥개와 고양이와 수탉은 거기서 날마다 신나게 노래를 부르며 살았습니다.

주인에게 버려진 가축들이 힘을 합해 도둑들을 내쫓고 그들이 버리고 간 집에서 즐겁게 살게 된다는 브레맨 음악대 이야기는 **힘없는 자들의 연대가 만들어내는 유토피아**를 그리고 있습니다. 이는 분명히 그림 형제가 전래 동화를 채집할 당시 독일의 상황에 영향을 받았을 것입니다. 16세기 전반은 신 앞에 만인이 평등하다는 기치 아래 일어난 농민 전쟁이 독일 전역을 휩쓸면서 봉건사회의 질서가 재편되는 시기였으니까요.

하지만 브레맨 음악대의 메시지는 지금도 유효합니다. 쉼 없는 채찍질로 노동력을 착취하다가 쓸모가 덜해졌다는 이유로 가차 없이 내쫓아버리는 주인은 효용과 효율을 유일한 가치로 숭배하는 사회와 생존을 위해 그 가치를 내면화한 개인들이 무한 경쟁하는 우리의 현재와 어긋남 없이 맞아떨어집니다. 그래서 우리는 여전히 이 이야기를 통해 안전한 순응에서 벗어나 '나는 정말로 어떻게 살고 싶은가?' 그리고 '그것을 이루기 위해 서로 도울 수 있는 방법은 무엇인가?'를 묻고 꿈꿔 볼 수 있습니다.

한편 브레맨 음악대는 **어린 아이가 청소년이 되는 변형**의 이야기로도 읽을 수 있습니다. 어린 아이일 적에는 누구나 생존과 성장을 모두 부모에게 의존할 수밖에 없습니다. 그러나 사춘기에 접어들어 2차 성징이 뚜렷해지고 독립적인 자아가 형성되면서부터는 부모에게서 멀어지기 시작합니다. 여전히 물리적으로나 경제적으로 부모에게 속해 있지만 정서적으로 먼저 분리하는 것입니다. 그것은 흔히 부모에 대한 원망과 반항으로 나타나며 또래 집단이 부모를 대신할 새로운 대상으로 강력하게 부상합니다. 그것이 청소년이 되는 자연스러운 과정입니다.

늙어서 쫓겨난 브레맨 음악대의 네 짐승은 바로 사춘기에 이른 아이들을 나타낸다고 볼 수 있습니다. 주인이 주는 것을 먹고 주인의 지붕 아래서 자고 주인이 시키는 대로 일하던 데서 하루아침에 스스로 모든 것을 감당해야 하는 처지에 놓인 것이지요. 불안한 중에 다행인 것은 그들이 혼자가 아니라는 점입니다. 비슷한 처지라 금세 친구가 된 그들은 부모의 전이대상인 도둑들을 쫓아내고 그 집을 차지하면서 성공적인 또래집단을 형성합니다. 그렇게 청소년기에 안착한 당나귀와 사냥개와 고양이와 수탉은 당분간 함께 지내며 정말로 홀로 설 수 있는 힘을 기를 것입니다.

02 이야기 쓰기

어린이에서 청소년으로의 성장이라는 관점에서 이야기를 이렇게 활용할 수 있습니다.

1) 어떤 가축을 택할 것인가?

참여자가 자유롭게 고르도록 하되 선택의 범위를 사람에게 의존할 수밖에 없는 가축이나 반려동물로 한정하는 것이 좋습니다.

2) 행복한 장면

곧장 집에서 쫓겨나는 장면으로 들어가기에 앞서 주인과 지내면서 즐거웠던 순간을 떠올려 극화할 수 있습니다. 이 장면에는 부모에 대한 참여자의 기대와 욕구가 투사되기 마련이며 그것을 극화하는 과정에서 참여자는 기쁨을 충분히 경험하면서 자신의 긍정적인 자원에 집중할 수 있습니다.

3) 쫓겨난 장면

각 가축이 무슨 이유로 주인에게 버림받는지를 극화할 수 있습니다. 이 장면 역시 부모에 대한 참여자의 좌절된 욕구와 기대를 보여줄 것입니다. 집에서 쫓겨난 장면을 극화한 후에는 참여자가 가축으로서 주인에 대한 원망을 표현할 수 있도록 촉진하는 것이 필요합니다.

4) 길에서

이야기에서는 잘 드러나지 않지만 갑자기 집에서 떠밀려나와 혼자가 되면 당연히 불안하고 두려울 수밖에 없습니다. 집이라는 안전한 공간과 무방비의 위험한 장소인 길을 대비시킴으로써 '어떻게 살아남을 것인가'와 관련한 불안과 공포를 극화할 수 있습니다.

5) 친구를 만나다

이야기에서 당나귀와 사냥개는 부둣가에서 떨고 있는 고양이에게 음악대에서 함께 노래를 하자고 합니다. 그리고 스프가 될 뻔한 수탉에게는 볏이 멋지니 춤을 추면 좋겠다고 합니다. 주인에게는 쓸모가 없었던 그래서 스스로도 알지 못했던 가능성을 친구가 발견해준 것입니다. 이를 집단에 적용하여 일상 현실과 극적 현실을 아울러 참여자들이 서로의 강점을 찾아주도록 할 수 있습니다.

6) 도둑들을 쫓아내다

당나귀, 사냥개, 고양이, 닭은 몸집이 큰 순서대로 무등으로 타고 올라가 덩치를 키운 다음 한꺼번에 괴상한 소리로 울어서 도둑들이

겁낼 만한 괴물을 완성했습니다. 그처럼 참여자들이 한데 모여 큰 소리가 날 만한 도구로 소음을 내면서 도둑들을 위협하는 말을 있는 힘껏 크게 외칠 수 있습니다. 이때 치료사가 도둑이 될 수도 있고 집단을 둘로 나누어 서로 상대를 공격하게 할 수도 있으며 도둑들을 오브제로 만들 수도 있을 것입니다.

7) 악단을 만들다

이야기는 네 짐승이 날마다 신나게 노래를 부르며 살았다고 끝을 맺습니다. 그런데 애초에 이들은 함께 악단을 하기로 했었지요. 서로 다른 소리로 하나의 노래를 만들어내는 악단은 성공적인 또래 집단을 매우 훌륭하게 은유합니다. 그런 측면에서 집단이 뭔가를 협력하여 이뤄내는 것으로 마무리를 할 수 있습니다. 정말 함께 노래를 할 수도 있고 짧은 장면을 발표할 수도 있으며 또 다른 방식일 수도 있을 것입니다.

03 활용 사례

이 사례*는 같은 학교와 학급에 속한 14살의 남녀 중학생 6명을 대상으로 연극치료사인 저와 오영미 미술치료사가 공동으로 진행했습니다. 이 집단에서는 부모로 표상되는 기존 사회체계를 향한 원망과

* 이 사례는 GS Caltex에서 주관하는 마음톡톡 교실힐링 사업의 일환으로 진행되었습니다. 그리고 사례 공개에 대한 동의를 받지 않았기 때문에 참여자의 개별적 반응은 생략하고 이야기를 어떻게 구조화시켜 적용했는지를 소개하는 데 그칠 것입니다.

그로부터 독립하는 것에 대한 불안이 주된 이슈로 떠올랐습니다. 그래서 브레맨 음악대의 줄거리에 의지하여 그 감정을 깊이 있게 경험하면서 집단으로서 성공적인 협력의 경험을 촉진하고자 했습니다.

7회기

스토리텔링

집단에게 브레맨 음악대의 줄거리를 간단히 들려주었습니다.

가축 고르기

이야기와 같이 살던 집에서 쫓겨난 가축이 된다면 각자 무엇이 될지를 선택했습니다. 참여자들은 소, 거위, 고양이, 닭을 골랐습니다.

행복한 장면

각자 선택한 가축으로서 집에서 쫓겨나기 전에 주인과 살면서 가장 행복했던 장면을 떠올린 다음 그것을 차례로 극화했습니다.

기쁨을 그림과 시로

행복한 장면을 극화하면서 느낀 기쁨을 손가락 그림(finger painting)으로 표현했습니다. 참여자들은 처음에는 손에 물감 묻히기를 머뭇거렸지만 금세 원초적인 감각 경험에 즐겁게 몰입했습니다. 그리고 그 시각적 표현을 다시 시의 형식으로 변형했습니다.

쫓겨난 장면

참여자들은 자신의 가축이 무슨 이유로 어떻게 쫓겨났는지를 떠올려 그 내용을 공유한 후 장면으로 만들었습니다. 극화할 때는 제가 주인의 역할을 했고 해당 장면의 주인공 외에 필요한 다른 역할은 참여자들이 자발적으로 맡아 연기했습니다.

원망

앞선 장면을 바탕으로 한 명씩 쫓겨난 가축이 되어 주인에 대한 원망을 표현했습니다. 미술치료사를 이용해 주인의 조각상을 만들고 그에게 하고 싶은 말을 하되 주인의 조각상은 가축에게 반응하지 않고 듣기만 했습니다.

7회기와 8회기에 진행된 내용을 간단히 정리하면 이렇습니다.

페르시안 고양이를 선택한 A는 행복한 순간으로 집사가 지켜보는 가운데 호화롭기 그지없는 대저택에서 걸어 다니는 장면을 떠올렸습니다. 그러다 갑자기 주인이 파산을 하면서 고양이 액세서리까지 내다팔 만큼 형편이 나빠지는 바람에 더 이상 고양이를 보살필 수 없게 되었다고 했습니다.

닭인 B는 주인이 자신을 잡아먹지 않고 살려두었을 때가 가장 좋았다고 했습니다. 그 닭은 쫓겨난 게 아니라 곧 자기 차례가 닥칠 것 같아 무서워서 도망쳤다고 했습니다. 주인이 닭장에서 닭들을 한 마리씩 잡아먹고 있다는 걸 알아챘거든요. 그리고 주인에게는 "전에는 예뻐하고 잘 보살펴주다가 왜 갑자기 잡아먹으려고 해요"라며 울먹였습니다.

쫓겨난 동물로 소를 택한 C는 주인과 함께 열심히 밭을 가는 장면에서 기쁨을 느꼈습니다. 그렇게 성실히 일하다가 어느 순간 마음이 삐끗하면서 일이 싫어졌고 아무 것도 하지 않는 소를 봐주다 못한 주인이 내다 팔았다고 했습니다. 주인에게는 "어쩜 그렇게 뻔뻔해요? 당신도 때로는 실수도 하고 쉬고 싶기도 할 텐데 왜 나한테는 그런 걸 허용하지 않죠?"라고 했습니다.

D는 거위가 되어 좁은 우리에 갇혀 있다가 넓은 초원에서 마음껏 돌아다닐 때를 가장 행복한 장면으로 꼽았습니다. 어느 날 거위가 병에 걸려 조금 앓았는데, 주인이 다른 거위들에게 나쁜 병을 옮길까 봐 돌봐주지도 않고 버렸다고 했습니다. 그래서 전염병이 아니라 그냥 아픈 것뿐이었는데 어떻게 그렇게 가차 없이 버려버릴 수가 있냐며 주인을 원망했습니다.

9회기

집단 여섯조각이야기

브레맨 음악대 이야기는 집에서 쫓겨난 가축들이 길에서 차례로 만나는 데서 시작합니다. 그리고 그렇게 당나귀, 사냥개, 고양이, 수탉이 일행이 되고 날이 저물면서 함께 하룻밤을 지낼 곳을 구하는 과정에서 자연스럽게 도둑들을 물리치고 주인의 도움 없이 살 수 있는 결말로 나아갑니다.

그런데 이 사례에서는 지금까지 각 가축의 전사를 개별적으로 구축하면서 필요할 때마다 다른 참여자들의 도움을 받는 병렬적인 집단 작업을 해왔고, 이제부터 본격적인 줄거리로 들어가는 셈입니다. 그래서 집단원이 함께 이후 줄거리를 상상할 수 있도록 집단 여섯조각이야기를 활용했습니다.

여섯조각이야기는 진단평가도구이면서 스토리텔링의 구조이기도 합니다. 여섯조각이야기를 쓸 때는 일반적으로 참여자 한 사람이 스토리텔러가 되어 주인공, 과제, 방해자, 조력자, 경과, 결말의 구조에 따라 이야기를 만듭니다. 그런데 집단 여섯조각이야기는 여러 참여자가 함께 스토리텔링을 할 수 있도록 여섯 개의 기존 구조 중 두 가지를 변형한 것입니다. 첫 번째 주인공을 한 인물이 아닌 여러 인물로 정할 것, 두 번째는 그들이 뭔가를 함께 하는 것을 과제로 세울 것. 이 밖에 방해자와 조력자, 경과에서 결말로 이어지는 흐름은 동일합니다. 그리고 그 구조 안에서 참여자들이 의견을 나누며 하나의 이야기를 완성합니다.

실제 회기에서는 집단 여섯조각이야기를 간단하게 설명하고 과제의 범위를 '가축들이 뭔가를 함께 하며 산다'로 제한하여 소, 닭, 고양이, 거위가 어떻게 공동체를 이루어 살아갈 것인지를 집단 스스로 정하도록 했습니다. 그리고 모아진 참여자들의 의견을 제가 칠판에 썼습니다. 하지만 전지를 여섯 칸으로 나눈 다음 참여자들이 함께 그림을 그리면서 집단의 이야기를 완성할 수도 있습니다.

그 과정을 거쳐 다음과 같은 줄거리가 나왔습니다.

① 집에서 쫓겨난 소, 고양이, 닭, 거위*가 거리에서 만난다.

② 고양이를 쫓아낸 부잣집을 털기로 한다.

③ 도둑질을 하다 닭이 잡힌다.

④ 소, 고양이, 거위가 닭을 구하러 다시 돌아간다.

⑤ 힘을 합해 닭을 구한다.

⑥ 도둑질 대신 서커스단을 만들기로 한다.

---

* 참여자 중 한 명은 운동부로 주요 회기에 참여하지 못해서 집단의 발표를 소개하는 역할을 맡았고, 다른 한 명은 가축이 아닌 부자를 연기했습니다.

즉흥극

위의 줄거리를 구체화하기 위해 장면별로 즉흥극을 했습니다. 즉흥극을 두어 번씩 반복하면서 각 장면의 주된 행동과 동선 그리고 인물별로 꼭 해야 할 대사를 정했습니다. 그리고 그렇게 여섯 장면의 골격을 모두 세운 다음 처음부터 끝까지 이야기를 극화하는 것으로 리허설을 대신했습니다.

회기가 끝난 후에는 즉흥극의 내용을 치료사가 대본의 형식으로 정리했습니다.

1. 가축들 만나다

닭, 고양이, 거위, 소가 각자의 집에서 쫓겨나 길에서 만난다. 서로 질문과 답을 주고받으며 각자가 누구이고 어떤 상황에 놓여 있고 기분이 어떤지를 말한다.

고양이: 거위도 있고 닭도 있고 소도 있네.

거위: 너희들은 다 어디서 오는 거야? 난 주인이 병에 걸렸다고 내쫓았어.

고양이: 어! 그럼 너 혹시

거위: 아냐! 나 전염병 아니라고. 그냥 조금 아픈 것뿐인데 다른 애들에게 옮길까봐 주인이 호들갑 떤 거라고. 지금은 다 나아서 멀쩡해. 그나저나 넌 여기 어떻게 온 거야?

고양이: 우리 주인은 아주 부자였는데 파산을 했지. 그래서 날 버렸어. 너는?

닭: 나는 주인이 잡아먹으려고 했어. 그래서 너무 무서워 도망쳤어. 어떻게 날 잡아먹으려 할 수가 있지? 너는?

소: 나는 일을 못한다고 쫓겨났어.

거위: 일 잘하게 생겼는데?

소: 나야 늘 열심히 일하고 잘했지. 그런데 어느 날 갑자기 좀 힘들더라

고. 멘탈이 깨진 거야. 그래서 며칠 가만히 있었더니 그새를 못 참고 쫓아내더라고.

고양이: 그나저나 너무 배고프지 않니? 며칠 동안 아주 쫄쫄 굶었어. 완전 강제 다이어트라니까!

거위, 닭, 소: 나도, 나도 나도, 너무 배고파. 근데 먹을 게 아무것도 없네.

닭: 어떻게 하지? 뭘 해서 먹을 걸 구하지?

거위: 뭐 잘하는 것들 없냐? 너희 뭘 잘하냐?

닭: 나는 어떤 일이든지 쉽게 포기하지 않아.

소: 난 힘이 세지.

거위: 난 조금은 날 수 있어.

고양이: 난 인간을 유혹할 수 있어.

거위: 그럼 네 능력으로 도둑질을 할 수 있겠다! 부잣집에 몰래 들어가 값비싼 물건을 훔치자!

소, 닭, 고양이: 도둑질!!

고양이: 그래? 좋아! 사람들이 우리를 쫓아냈으니까 멋지게 복수하는 거야!

닭: 그래도 도둑질은 좀 너무한 거 아닐까?

고양이: 그럼 넌 굶어 죽을래? 난 할 거야!

거위, 소: 나도 할 거야!

고양이: 넌 안가?

닭: 어휴, 모르겠다. 나도 같이 가!

무대를 한 바퀴 돌고 퇴장 한다.

2. 도둑질을 하다 닭이 잡히다

부자가 섬세한 손길로 보석을 닦고 있다.

부자: (반지를 내보이며) 내 멋진 반지를 좀 봐. 다이아몬드가 아주 내 손하고 잘 어울리네. 오! 이 목걸이! 아름다운 빛깔! 이걸 갖게 되다니. (무대 오른쪽으로 가며) 최 집사 ! 최 집사! 이 장식장 안 닦아 놓은 거야! (장식장을 정성스레 닦는다) 게을러 터져가지고!

가축들 등장한다. 가축들은 '무궁화 꽃이 피었습니다' 놀이를 하는 것처럼 부자에게 몰래 다가가다가 부자가 뒤를 돌아보면 그 자리에 멈추고 부자가 고개를 돌리면 다시 다가가기를 두 번 반복한다. 그러다 세 번째에 닭이 다른 수탉의 울음소리를 따라하는 바람에 부자에게 들킨다.

부자: 누구야! 이 녀석들! 도둑놈이구나!
가축들: 엄마야!

부자가 쫓아오고 가축들은 도망친다. 무대를 두 바퀴 정도 돌다가 나머지는 도망가고 닭만 잡힌다.

부자: 이 도둑놈들! 감히 내 보석을 훔치려 하다니!

닭을 끌고 가 닭장에 가둔다.

3. 가축들 회의하다

도둑질에 실패한 고양이, 소, 거위가 실의에 빠져 있다. 어떻게 살아야 할지, 닭을 구할지 말지를 놓고 의견이 분분하다.

소: 아휴, 숨차!
고양이: 진짜 죽는 줄 알았네.
거위: 그나저나 닭을 어떻게 하지
고양이: 그 멍청한 자식! 하마터면 걔 때문에 다 잡힐 뻔했다고!
소: 그래도 구해야 하지 않을까?
거위: 그래 넷이서 벌인 일이니 넷이서 끝내야지!
고양이: 그 녀석 구하려다 우리가 잡힌다고!
소: 그래도 주인에게 이미 한 번 버림받은 닭을 또 그렇게 놓아둘 수는 없어. 이번에 버려지면 두 번이나 버려지는 거라고! 너라면 괜찮겠어?
거위: 그래 네 말이 맞아.
고양이: 아이 참! 알겠어. 구하러 가! 그럼 이번에는 내가 부자를 유인할게.

그때 너희 둘은 닭은 구해. 닭을 구하면 신호를 줘. 그때 다 같이 도망치는 거야!

거위, 소: 좋은 생각이야.

4. 닭 구출작전

무대 구석에 닭장에 갇힌 닭이 있고 가운데 부자가 있다. 고양이가 부자를 다른 곳으로 유인하면 거위와 소가 갇힌 닭을 꺼내준다. 닭이 무서워하며 나가기를 주저하자 거위와 소가 용기 내어 함께 하기를 권한다. 무사히 탈출한다.

5. 가축들 심기일전!

소, 거위, 고양이, 닭이 서로에게 감사한다.

닭: 더 이상 도둑질은 못하겠어.

거위: 그래 너무 힘들다.

소: 그렇게는 하루도 못 살겠어. 차라리 일하는 게 낫지.

고양이: 그렇담 도대체 뭘 해서 먹고 사냐?

닭: 남의 것을 훔치는 도둑질 말고 하는 우리도 행복하고 다른 사람도 기쁘게 하는 일이 뭐 없을까?

거위: 우리 서커스를 해볼까?

고양이: 서커스? 그거 좋은데! 나 저글링 엄청 잘해!

거위: 난 할 줄 아는 게 없는데.

닭: 넌 날 수 있으니까 소 등에 올라타서 묘기를 좀 하면 되지 않을까?

거위: 그럼 우리 서커스단 이름을 뭐라고 지으면 좋을까?

닭: 사람의 마음을 훔치는 서커스단, 어때?

일동: 마음을 훔치다. 그래, 마음 톡톡!

가축들 환호한다.

발표

집단은 같은 반의 다른 학생들에게 준비한 장면을 보여주었습니다. 그리고 관객이 되어 다른 두 집단의 발표를 지켜보기도 했습니다.

긴장과 짜증과 수동적 즐거움의 세 꼭짓점을 왕복하는 데 익숙한 집단에게 브레맨 음악대 이야기를 극화하는 과정은 중요한 대상에 대한 마음 깊은 곳의 욕구와 감정을 안전하고 정확하게 표현할 수 있게 해주었습니다. 그리고 집단이 함께 가축들의 미래를 계획하고 수행하면서 자신과 서로의 버려짐을 위로하고 도둑질로 표현된 왜곡된 의존의 충동을 생산적 협력의 에너지로 전환할 수 있었습니다.

보이지 않는 아이

심한 폭풍우가 치는 밤이었습니다. 비가 퍼붓듯 쏟아지고 천둥과 번개가 숲을 가로질러 메아리로 돌아왔어요. 하지만 숲속 가족이 사는 덧문이 있는 집안은 따뜻했습니다. 부엌 화로가 공기를 따스하게 데웠고 식구들은 식탁에 둘러앉아 그날 딴 버섯 껍질을 벗기고 있었지요. '이런 밤에는 아무도 밖으로 나가고 싶지 않겠지' 엄마가 말했습니다. 그때 문 두드리는 소리가 났어요. '어머나' 엄마가 말했습니다. '이런 날 누가 밖에 있는 거지?'

문을 열자 빗속에 사촌이 노란 비옷과 모자를 쓰고 서 있었습니다. '어서 들어오세요,' 엄마가 말했어요. '이런 날 무슨 일로 오셨어요?' 그녀는 흠뻑 젖은 채 부엌으로 들어서며 말했습니다. '보이지 않는 아이를 데려왔어요, 이 아이는 숙모와 지냈는데 그 사람이 빈정대기를 너무 좋아해서 아이가 자기 모습을 지웠어요. 그래서 아이 목에 종을 달아서 소리가 나게 했어요.' 그때 '딸랑 딸랑' 소리가 나면서 비에 젖은 발자국이 불가로 다가가는 광경이 보였습니다. '이제 아시겠지요', 사촌이 말했어요. '당신이라면 아이가 다시 보이게 할 수 있을 것 같아 이리로 데려왔어요. 전 할 일이 있어 이만 돌아갈게요.' 그리고 폭풍우 치는 밤 속으로 사라졌습니다.

두 아이는 입을 다물지 못한 채 서있었고, 아빠가 눈살을 찌푸리며 아내를 보았습니다. '좋아', 엄마가 말했어요. '이제 잠자리에 들 시간이에요. 여보, 당신은 아이들을 봐 주세요. 나는 새로 온 손님에게 방을 안내할게요.' 식구들은 위층으로 올라갔고 엄마는 부엌 화로 쪽을 보며 말했습니다. '나랑 위층으로 올라가지 않겠니? 네가 쓸 방을 보여줄게.' 엄마는 뒤따르는 방울 소리를 들으며 안심했습니다. 그리고 아늑한 침대와 깃털을 넣은 누비이불이 있는 침실을 보여준 다음 따뜻한 우유를 가져 오겠다고 했습니다.

엄마는 화로에 우유를 얹고 약간의 꿀과 진정 효과가 있는 약초를 넣어 데운 후 위층으로 가지고 갔어요. 그녀는 이불 아래가 툭 튀어나온 것을 보고 미소를 지으며 우유가 든 잔을 침대 옆에 두었습니다.

아래층으로 내려간 엄마는 선반에 있던 할머니의 책을 꺼냈습니다. 그녀는 숄을 두르고 난로 옆에 앉아 아이를 눈에 보이게 할 방법이 없나 목차를 살펴 내려갔습니다. '아하, 이렇게 하면 되겠구나.' 그녀는 입고 있던 붉은 양모 속치마를 벗어서 드레스와 리본 모양으로 잘라 밤새 바느질을 했습니다. 그리고 완성된 옷과 리본을 보이지 않는 아이의 침대 끝에 두었습니다.

다음날 아침 두 아이는 계단을 급하게 내려왔습니다. '그 여자애 어디 있어요? 이제 보이나?' 아이들은 흥분해서 말했습니다. 아침을 기다리며 식탁에 앉아있던 한 아이가 말했어요. '보세요, 그 애의 발이 보여요.' 정말 작은 빨간 드레스와 리본이 조그마한 두 발과 함께 계단을 내려오고 있었습니다. 엄마는 겨우내 저장할 사과를 따러 모두 과수원에 가자고 했습니다. 식구들은 상자와 양동이를 들고 우르르 몰려 나갔습니다. 아이들은 나무에 기어 올라갔고 아빠가 사다리를 타고 사과를 따는 동안 엄마는 과수원 가운데 앉아 조그맣게 불을 피워 냄비를 얹고 잼 만들 준비를 했습니다. 보이지 않는 아이는 너무나 즐거워서 이 나무에서 저 나무로 뛰어다니며 구경을 했습니다. 그런데 그렇게 엄마에게 달려가다 그만 냄비를 엎질렀고, 사과잼이 전부 쏟아져 버린 순간 아이의 발도 다시 사라져버렸습니다. 엄마는 "흙에서 얻은 건 다시 흙에 선물해야지"라고 말하면서 곁눈질로 보이지 않는 아이가 있던 곳을 살폈습니다. 아이의 발이 천천히 나타나더니 다리까지 보였습니다. '그래야지', 엄마는 가만히 혼잣말을 했습니다. 그리고 하던 일을 멈추고 짐을 챙겨 집으로 돌아왔습니다.

다음날이 밝았습니다. 다리에 이어 팔까지 나타났지만 아직 아이의 얼굴은 보이지 않았습니다. 아침을 먹은 후 엄마는 아이들에게 조금 이따 바닷가로 소풍을 갈 텐데 아빠와 준비하는 동안 밖에 나가 놀아도 된다고 말했습니다. 아이들이 정원을 뛰어다니며 잡기 놀이를 했고 보이지 않는 아이는 그 모습을 지켜만 보고 있었습니다. 사내아이가 '넌 어떻게 노는지 모르는 게 탈이야'라고 말했습니다. 그때 아빠가 출발할 시간이 되었다며 아이들을 불렀습니다.

식구들은 낡고 널찍한 차에 차곡차곡 올라탔고 양동이와, 삽과 먹을 것과 마실 것도 뒤에 실었습니다. 차는 숲길을 따라 해변까지 덜컹대며 달려갔지요. 아이들은 바닷가에 도착하자마자 뛰쳐나가 모래에서 놀기 시작했습니다. 엄마는 물가에 발을 담그고 앉았지요. 보이지 않는 아이는 그리 멀지 않은 곳에 앉아 엄마를 쳐다보고 있었습니다. 아빠가 엄마를 바다에 밀어 넣으려는 듯 살금살금 엄마 등 뒤로 기어갔습니다. 엄마가 바다에 빠질까봐 겁이 난 보이지 않는 아이는 쏜살 같이 아빠에게 달려들어 어깨를 깨물었고, 너무 놀란 아빠가 자빠지면서 파도에 모자가 쓸려가 버렸습니다.

그 순간 식구들은 모두 보이지 않는 아이의 화난 작은 얼굴을 볼 수 있었습니다. 엄마는 '아빠는 그냥 장난으로 미는 척 한 거야. 놀이일 뿐이야'라고 말해주었습니다. 식구들이 전부 웃음을 터뜨렸고 온전히 모습을 드러낸 보이지 않는 아이도 처음으로 미소를 지었습니다.*

* 이것은 Healthy Attatchment and Neuro-Dramatic-Play, Sue Jennings, Jessica Kingsley Publisher, 2011 pp.163~165의 내용을 번역한 것입니다.

월 플라워(wallflower)라는 말이 있습니다. 파티가 한창인데 예쁘게 차려 입고도 파트너가 없어 춤을 추지 못하고 벽지의 꽃무늬처럼 벽에 기대 서 있는 사람을 두고 하는 말입니다. 보이지 않는 아이처럼 아예 지운 건 아니지만 집단에서 겉도는 게 눈에 띄지 않도록 벽지에 핀 꽃인 듯 자신을 감추는 것 역시 사람들이 고통을 견디기 위해 어떻게 자신을 말소시키는지를 잘 보여줍니다.

외상이나 학대 피해자는 두려움에 압도되어 통제를 상실합니다. 그로 인해 분별력이 손상되면서 감각처리과정이 왜곡되고 인지기능에 결함이 나타나며 정서조절에 문제가 생기면서 대인관계가 어긋날 수 있습니다. 그것이 외상의 일차 부작용입니다. 그런데 외상의 폐해는 거기서 그치지 않고 확대 재생산됩니다. 외상으로 인한 고통이 심각하기 때문에 피해자는 자신을 사회적으로 고립시키거나 무모하고 위험한 일을 벌이고 술이나 약물을 남용하거나 자해 행동과 학대 경험을 반복(revictimization)하는 등 다양한 부적응적 방어 행동으로 도망을 칩니다. 외상의 이차 부작용입니다. 그리고 그 같은 상태가 만성화되어 외상의 도식이 자리 잡으면 전반적인 의미체계가 와해되면서 무망감 속에서 자신과 세상을 냉소하며 실존적 피로를 호소하게 됩니다. 외상의 삼차 부작용이 발생하는 것입니다. 외상과 학대는 그렇게 피해자를 서서히 지워버릴 수 있습니다. 숙모의 빈정거림 때문에 자신의 모습을 지운 보이지 않는 아이 역시 한 명의 PTSD 환자로 읽어도 좋을 것입니다.

보이지 않는 아이의 이야기는 폭풍우가 심하게 치는 한밤중에 한 아이가 어른에게 이끌려 숲속의 안전하고 따뜻한 집을 찾아드는 데서 시작합니다. 그 사람은 안주인에게 아이가 보이지 않게 된 사정을 간단히 말하고 아이를 회복시켜주기를 부탁한 후 사라집니다. 이 이야기는 그렇게 상처 입은 아이가 돕는 어른 곧 애착 대상이 되어줄 대리부모를 만나는 이야기입니다.

그리고 이후의 줄거리는 보이지 않던 아이가 어떻게 해서 보이게 되는지, 상처로부터 회복되는 과정을 잘 보여줍니다. 가장 먼저 눈에 띄는 것은 엄마의 환대입니다. 방울소리와 함께 불가로 난 작은 젖은 발자국. 그것이 예고 없이 찾아든 불청객인 보이지 않는 아이의 첫 등장이었습니다. 놀란 두 아이는 입을 다물지 못한 채 서있었고 아빠도 못마땅한 마음에 눈살을 찌푸렸지만, 엄마는 "좋아"라며 흔쾌히 그리고 단호하게 보이지 않는 아이를 반가운 손님으로 맞습니다. 그리고 자칫 보이지 않는 아이에게 부담스러울 수 있는 남편과 아이들을 공간적으로 분리시키고 아이가 혼자 있을 수 있는 안전한 방으로 데려다줍니다. 사람이 사람으로 살아가려면 타인의 환대와 적절한 장소가 필요합니다.

여기서 주목할 것은 엄마의 환대가 전혀 수다스럽지 않다는 점입니다. 아이에게 어디서 왔는지, 숙모가 어떻게 빈정댔는지, 언제부터 보이지 않게 되었는지, 부모님이 안 계신지 등을 시시콜콜 묻지 않습니다. 적절한 거리를 유지함으로써 아이가 정서적으로 침범당하지 않도록 배려하는 것입니다. 그것은 회복의 두 번째 키워드인 안전감과 관련이 있습니다. 엄마는 또 보이지 않는 아이를 아늑한 침대와 폭신한 이불이 있는 방으로 데려다준 뒤 우유를 따뜻하게 데워주었습니다. 침대 아래가 쏙 나온 걸 보면 아이는 그 속에서 동그랗게 몸을 말고 있었나 봅니다. 폭풍우 치는 밤에 낯선 곳에 홀로 떨어진 아이에게 엄마가 내준 그 방은 더할 수 없는 위로가 되었을 것입니다.

보이지 않는 아이가 잠자리에 든 것을 확인하고도 엄마의 일은 끝나지 않았습니다. 할머니의 비밀이 담긴 책을 뒤져 아이를 다시 보이게 할 방법을 찾습니다. 그리고 입고 있던 양털로 짠 빨간 속치마를 벗어 밤새 아이에게 입힐 옷과 리본을 만든 후 침대 끝에 놓아둡니다. 잠이 깬 아이는 그 옷을 보고 얼마나 기뻤을까요? 보이지 않는 아이의 놀란 표정이 보이는 것 같습니다. 아이는 빨간 드레스를 입고 리본을 매면서 '정말 내가 여기 있어도 되는구나'라고 혼잣말을 했을지도 모릅니다. 더구나 그것은 엄마의 체온과 체취가 담긴 양털 속치마로 만든 것입니다. 보이지 않는 아이를 딸로 받아들이는 엄마의 사랑이 아닐 수 없습니다.

다음 날 아침 식탁에서 아이들은 보이지 않는 아이를 나타나기를 기다리고 얼마나 보이게 됐는지 궁금해 합니다. 그 관심의 시선을 받으면서 빨간 드레스를 입은 보이지 않는 아이가 계단을 내려옵니다. 그 때 처음으로 아이의 두 발이 보입니다. 이제 손님이 아니라 엄마의 딸이 된 아이는 더 이상 주목받기를 두려워하지 않습니다.

그런데 과수원에서 너무나 즐거워 나무 사이로 뛰어다니던 아이는 그만 사과 잼을 엎질렀고 그 순간 어렵게 나타난 발이 다시 사라졌습니다. 그러나 엄마는 쏟아진 잼을 아까워하며 꾸지람하는 대신 "흙에서 얻은 건 다시 흙에 선물해야지"라는 말로 아이의 실수를 넉넉하게 감싸줍니다. 보이지 않는 아이는 거기서 자신에 대한 비난을 멈추고 살다보면 실수를 할 수도 있고 그래도 괜찮다는 것을 깨달아 크게 안도했을 것입니다. 그리고 그 힘이 다리까지 나타나게 합니다.

가족과 하룻밤을 더 보낸 아이는 이제 팔까지 보입니다. 얼굴이 나타난 것은 바닷가에서 아이가 아빠에게 달려들어 어깨를 물었을 때였습니다. 엄마를 공격하려는 줄 잘못 알고 그랬던 거죠. 회복을 위한 마지막 키워드는 '화를 내도 괜찮아'입니다. 자신을 해치려는 대상에게는 분노로 맞설 필요가 있습니다. 분노는 상대의 부당한 영향력을 막아내고 자신이 원하는 바를 분명하게 표현하도록 하는 힘이니까요. 보이지 않는 아이가 애초에 자신의 모습을 지운 것은 가해자에게 분노하지 못했기 때문입니다. 그런데 가족과 함께 지내면서 분노의 방향을 자기 자신에서 가해자로 바꿀 수 있는 힘이 생긴 것입니다.

그리고 마지막으로 아빠가 엄마를 해치려던 게 아니라는 것을 알게 되면서 아이의 얼굴엔 미소가 떠오릅니다.

02 이야기 쓰기

1) 보이지 않는다는 것

앞서 말한 월 플라워처럼 주변 환경과 비슷하게 가장하거나 가면 등의 소도구를 이용해 집단 속에서 '보이지 않는 것'이 어떻게 작용하는지 느껴 볼 수 있습니다. 혹은 참여자들이 어떤 식으로든 자신을 사라지게 했거나 그렇게 하고 싶었던 각자의 경험을 나눌 수도 있을 것입니다.

2) 아이는 왜 보이지 않게 되었을까?

이야기 속 보이지 않는 아이는 숙모의 빈정거림을 견디기 힘들어 자신의 모습을 지웠습니다. 어떤 사연이 있어서 아이가 보이지 않게 되었는지를 극화하면서 아이에게 가해진 외상이나 학대의 상처와 자해적 분노를 탐험할 수 있습니다.

3) 아이를 어떻게 회복시킬 수 있을까?

먼저 이야기를 찬찬히 되새기며 아이가 미소를 되찾기까지 어떤 계기가 있었는지를 꼽을 수 있습니다. 그리고 다시 참여자의 보이지 않는 아이에게 필요한 것이 무엇일지 찾습니다.

혹은 이야기 읽기에서 언급한 엄마의 환대, 적절한 거리, 안전감, 딸로 받아들여지는 것, 실수와 분노의 수용을 참고하여 엄마는 어떻게 아이를 반갑게 맞았을지, 아이의 상처를 조급히 건드리지 않기 위해서는 어떻게 하는 게 좋을지, 이 곳은 안전하다는 믿음을 어떻게 줄 수 있을지, 무엇이 가족의 일원이 된 느낌을 줄 수 있을지, 수용받고 싶었던 실수가 있다면 무엇인지, 아이가 누구에게 왜 화를 내고 다른 사람들이 그에 대해 어떻게 반응할지를 차례로 극화할 수 있습니다. 이때 참여자들이 보이지 않는 아이의 역할과 엄마의 역할을 모두 경험하는 것이 중요합니다.

4) 자기를 어떻게 주장할 것인가?

회복을 위한 다른 계기는 모두 보이지 않는 아이를 위한 엄마의 보살핌이라 할 수 있습니다. 아이는 그 보살핌을 잘 받아들이기만 하면 되는 것이지요. 그런데 보이지 않는 아이가 얼굴을 되찾는 데 필요한 마지막 고비인 '분노의 수용'을 위해서는 먼저 보이지 않는 아이가 화를 낼 수 있어야 합니다.

분노는 부당한 힘에 맞서 자신을 보호하고 그릇된 것을 바로잡기를 요구하는 힘입니다. 분노는 공격적 에너지로서 자기를 주장하는 것(assertiveness)부터 대상을 파괴하는 것(destructiveness)까지 다양한 스펙트럼을 갖고 있습니다. 그러므로 분노 자체를 부정적으로 여겨 억압하는 것은 치료적이지 않을 뿐 아니라 자연스럽지도 않습니다.

특히 어릴 때부터 학대를 당한 경우 그 정도가 심할수록 피해자들은 가해자에게 분노하기보다 두려움에 압도되어 꼼짝하지 못하고 오히려 가해자의 목소리를 내면화하여 자기 자신을 못 살게 괴롭히곤 합니다. '너 같은 건 살 가치가 없어!'라는 가해자의 말을 자기 것으로 삼아 '나 같은 건 살 가치가 없어'라고 되뇌는 것이지요. 이때 분노가 필요합니다. 부당한 공격에 맥없이 자신을 내주는 대신 분연히 일어나 막아야 합니다. 멈추라고, 나는 그런 말을 들을 이유가 없다고, 더 이상 가만히 듣고 있지 않겠다고, 독이 든 그 말은 내가 아니라 병든 당신의 것이라고, 나는 병든 당신이 가여울 뿐이라고 말해야 합니다. 이처럼 분노로 맞설 수 있을 때 외상과 학대의 피해자는 비로소 자신에 대한 공격을 멈추고 스스로 돌보는 단계로 나아갈 수 있습니다.

그러므로 회복을 위한 마지막 단계에서는 자신의 모습과 목소리를 지우는 대신 분노하는 연습이 필요합니다. 분노를 두려워하지 말 것, 분노에 휘둘리지 않을 것, 다만 왜 화가 났고 무엇을 원하는지를 정확히 알려 분노를 전할 것, 화를 내도 관계가 단절되지 않음을 믿을 것. 이것이 분노를 다루는 방법입니다.

5) 다양한 감각 경험

바닷가에 가기 전 정원에서 잡기놀이를 하던 사내아이가 말합니다. "넌 어떻게 노는지 모르는 게 탈이야." 보이지 않는 아이의 얼굴에 미소가 떠오른 뒤에는 아마도 집 안이 아이들 셋이 시끌벅적하게 노는 소리로 가득할 것입니다.

아이들은 놀면서 자신과 세상을 탐험하고 표현합니다. 그리고 연극치료에서는 아이들의 놀이를 어떤 놀잇감을 가지고 노는가에 따라 크게 네 가지로 나눕니다. 감각 놀이(neuro-dramatic play), 체현 놀이(embodiment play), 투사 놀이(projection play), 역할 놀이(role play)가 그것입니다. 이 중 애착과 특히 중요한 관련을 맺고 있는 것이 다양한 신체 감각과 리드미컬한 접촉을 강조하는 감각 놀이입니다.

애착은 외상과 학대로 인한 상처를 회복하는 데 결정적인 역할을 합니다. 보이지 않는 아이를 환대하고 적절한 거리를 유지하며 안전감을 제공하고 딸로 받아들여 실수와 분노를 허용한 것이 모두 엄마로 인해 가능했고 엄마를 통해 일어났듯이 말입니다.

애착과 회복을 말하는 보이지 않는 아이 이야기에는 감각 놀이로 활용할 수 있는 요소가 풍부합니다. 거센 폭풍우, 집안을 따스하게 데우는 화로, 푹신한 침대, 깃털로 채워진 이불, 양털옷감의 드레스, 키 작은 사과나무가 늘어선 과수원, 모래밭과 파도가 있는 해변 등이 모두 촉각과 청각과 리드미컬한 운동감각을 자극합니다. 그래서 특히 나이가 어리거나 외상이 심해 극화가 어려운 참여자에게는 보이지 않는 아이가 이야기의 틀 속에서 감각 놀이에 집중하기에 좋을 것입니다.

03 활용 사례

이 이야기를 아스퍼거 증후군 청년 집단을 대상으로 적용한 바 있습니다. 아스퍼거 증후군(Asperger syndrome)은 자폐 스펙트럼 장애의 일종입니다. 하지만 자폐증에 비해 언어발달과 인지발달의 지연이 두드러지지 않아서 청소년기를 지날 때까지 진단이 되지 않는 경우도 있습니다. 아스퍼거 증후군을 가진 이들은 혼자 있기를 좋아하고 다른 사람의 반응에 크게 관심을 갖지 않으며 특정 주제에 강한 집중력을 보이고 제한적이고 반복적인 행동을 특징으로 합니다. 특히 비언어적 언어를 사용하는 데 서툴고 다른 사람의 관점을 취하는 능력이 부족하여 사회적 상호작용에서 가장 어려움을 겪습니다. 그래서 이들은 흔히 겉보기는 멀쩡한데 다른 사람을 배려하지 않고 예의도 없는 괴상한 사람 취급을 받곤 합니다. 그리고 일반인과 차이가 거의 없다는 점이 오히려 독이 되어 어른이 되면서 반복되는 실패를 겪으며 우울증을 앓는 경우가 많습니다.

이 사례*에는 아스퍼거 증후군이 있는 20대 남자 6명과 전인숙 연극치료사와 정영희 연극치료사가 도움치료사로 함께 했고, 저와 정은선 연극치료사가 공동으로 진행했습니다. 여기서는 참여자들이 자신의 상처를 돌볼 수 있는 힘을 기르는 것을 목표로 보이지 않는 아이의 이야기를 적용했습니다.

9회기

스토리텔링

참여자들에게 보이지 않는 아이의 이야기를 들려주었습니다. 이 집단에게는 말로 줄거리를 간단하게 전달하는 데 그쳤지만, 어리거나 자발성이 낮은 참여자들에게는 아이가 아무것도 보이지 않던 데서 점차 자신의 몸을 되찾아가는 과정이 구체적으로 감각될 수 있도록 인형극이나 짧은 동영상을 만들어 보여주는 것이 효과적일 수 있습니다.

아이는 왜 보이지 않게 되었을까?

아스퍼거 증후군이 있는 참여자들에게는 여럿이 모여 하나의 주제로 의견을 나누고 그것을 함께 장면으로 만드는 것이 쉽지 않습니다. 그래서 집단을 참여자 3명, 치료사 1명, 도움치료사 1명이 한 모둠이 되도록 둘로 나누어 극화를 진행했습니다.

한 모둠에서는 주인공이 키가 작고 못 생긴데다 말투가 어눌하고 지나치게 예민하게 반응을 해서 친구들에게 따돌림을 당하는 장면을 보여주었고, 다른 모둠은 고아원에 사는 주인공에게 몽유병이 있어 밤마다 밖을 헤매 다니고 그것을 오해한 마을 사람들이 마녀의 자

* 이 사례는 사례 공개에 대한 동의를 받지 않았습니다. 그래서 참여자의 개별적 반응은 생략하고 이야기를 어떻게 구조화시켜 적용했는지를 소개하는 데 그칠 것입니다.

식이라며 괴롭히는 장면을 극화했습니다.

10회기

보이지 않는 아이의 상처

참여자들은 각자 B4 크기의 도화지에 몸의 윤곽을 그린 후 보이지 않는 아이가 입은 마음의 상처를 원하는 방식으로 표현했습니다. 그런 다음에는 검은 색으로 그림 전체를 칠해 '보이지 않게' 만들었습니다.

보살핌

앞서 말했듯이 아스퍼거 증후군이 있는 참여자들에게는 집단 극화가 쉽지 않은데, 특히 그들에게 익숙하지 않은 역할이나 감정이 포함된 장면은 더욱 그렇습니다. 그래서 참여자들이 조력자를 연기하기에 앞서 치료사들이 보이지 않는 아이가 새로운 가족을 만나 보살핌을 받으며 본래 모습을 찾아가는 장면을 보여주었습니다.

조력자의 말

장면을 본 느낌을 간단하게 나눈 뒤에 집단 전체가 하나의 원을 만들었습니다. 그렇게 동그랗게 서서 한 명씩 돌아가며 보이지 않는 아이의 마음을 녹일 수 있는 말과 동작을 보여주면 다른 참여자들이 그것을 똑같이 따라했습니다.

한 바퀴 돌고 나서는 전지 1장을 가운데 놓고 각자 보이지 않는 아이에게 필요한 말을 세 문장씩 적었습니다. 그리고 종이에 적힌 말을 전부 읽은 다음 그 중에서 자신의 보이지 않는 아이에게 해주고 싶은 말을 세 가지씩 골랐습니다.

조력자의 지지

다시 동그랗게 서서 한 사람씩 원 가운데 들어가 보이지 않는 아이의 조각상(주인공)을 만들었습니다. 다른 참여자들이 주인공이 고른 조력자의 세 가지 말을 반복하면 보이지 않는 아이로 있는 주인공은 조력자의 말을 들으며 자신의 몸이 어떻게 달라지는지를 경험했습니다.

이 집단은 보이지 않는 아이의 상처와 회복의 과정을 극화하면서 각자의 상처 입은 아이를 돌아볼 수 있었고, 특히 집단원 모두에게 저마다의 상처 입은 아이가 있음을 목격하면서 그 보편성에 위로를 받았습니다. 그리고 그 아이에게 힘이 되는 대사를 찾아 말하고 들으면서 조력자의 역할을 강화할 수 있었습니다.

참고문헌

Ditty Doctor 편저, 박미리 외 공역, 연극치료와 파괴성, 학지사, 2016
Hadar Lubin & David Johnson 지음, 이효원 옮김, 여성을 위한 외상중심 집단심리치료, 박영사, 2017
Karl Heinz Brisch 지음, 장휘숙 옮김, 애착장애의 치료, 시그마프레스, 2005
Martin J. Doherty 지음, 이현진 옮김, 마음이론, 학지사, 2013
Verena Kast 지음, 최연숙 옮김, 동화와 심리치료, 열린 시선, 2008
김용석 지음, 서사철학, 휴머니스트, 2009
김정욱 지음, 섭식장애, 학지사, 2016
김종철 엮음, 고지영 그림, 해와 달이 된 오누이, 웅진주니어, 2007
김주환 지음, 회복탄력성, 위즈덤하우스, 2011
김현경 지음, 사람, 장소, 환대, 문학과지성사, 2015
로널드 토비아스 지음, 김석만 옮김, 인간의 마음을 사로잡는 스무 가지 플롯, 풀빛, 1997
로렌 슬레이터 지음, 조증력 옮김, 스키너의 심리상자 열기, 에코의 서재, 2007
로버트 랜디 지음, 이효원 옮김, 페르소나와 퍼포먼스, 학지사, 2010
로버트 존슨 지음, 고혜경 옮김, 당신의 그림자가 울고 있다, 에코의 서재, 2008
로저 그레인저 지음, 이효원 옮김, 연극치료 접근법의 실제, 시그마프레스, 2009
루이스 월퍼트 지음, 황소연 옮김, 믿음의 엔진, 에코의 서재, 2007
메트 노가드 지음, 안진환 옮김, 미운 오리 새끼의 출근, 생각의 나무, 2005
박종수 지음, 분석심리학에 기초한 이야기 심리치료, 학지사, 2005

브루노 베텔하임 지음, 김옥순·주옥 옮김, 옛 이야기의 매력 1, 시공주니어, 1998
소포클레스 지음, 김기영 옮김, 오이디푸스 왕 외, 을유문화사, 2011
아리스토텔레스 지음, 천병희 옮김, 시학, 문예출판사, 2002
오이겐 드레이버만 지음, 김태희 옮김, 어른들을 위한 그림 동화 읽기, 교양인, 2013
이나미 지음, 융 호랑이 탄 한국인과 놀다, 민음인, 2010
조너선 갓설 지음, 노승영 옮김, 스토리텔링 애니멀, 민음사, 2014
조셉 캠벨 지음, 이윤지 옮김, 천의 얼굴을 가진 영웅, 민음사, 1999
조은하·이대범 지음, 스토리텔링, 북스힐, 2006
존 브래드 쇼 지음, 오제은 옮김, 상처받은 내면아이 치유, 학지사, 2004
폴 리쾨르 지음, 김한식·이경래 옮김, 시간과 이야기2, 문학과지성사, 2009
황서윤, 안데르센 동화 「미운 오리 새끼」를 통한 개성화 과정 탐색, 대한문학치료연구, 2018 Vol.8
Sue Jennings, Healthy Attatchment and Neuro−Dramatic−Play, Jessica Kingsley Publisher, 2011

찾아보기

저자소개

이효원

다양한 개인 및 집단과 만나는 연극치료사로서 2005년 한국연극치료협회 연극치료사 양성과정에서 강의를 시작한 이후 여러 학교에서 연극치료를 가르치고 있다. <연극치료와 함께 걷다>와 <연극치료 QnA>를 썼고 <연극치료 접근법의 실제>, <카우치와 무대> 등 다양한 연극치료 관련 서적을 옮겨왔으며, 현재는 '연극과 성장 연구소' 소장으로 상처 입은 아이를 위한 연극치료 접근법(DWC)을 실행하고 있다.

연극치료에서 이야기를 어떻게 쓸 것인가 – 상처 입은 아이를 위한 이야기

초판발행 2019년 11월 20일

지은이 이효원
펴낸이 노 현

편 집 전채린
기획/마케팅 노 현
표지디자인 조아라
제 작 우인도·고철민

펴낸곳 ㈜ 피와이메이트
서울특별시 금천구 가산디지털2로 53 한라시그마밸리 210호(가산동)
등록 2014. 2. 12. 제2018-000080호
전 화 02)733-6771
f a x 02)736-4818
e-mail pys@pybook.co.kr
homepage www.pybook.co.kr
ISBN 979-11-90151-49-8 93180

정 가 12,000원